Einflugschneise

Thomas Heyroth

Einflugschneise

Ausgewählte Songtexte und Gedichte
(1982 - 2010)

Thomas Heyroth

Bibliografische Information der Deutschen Bibliothek

Die Deutsche Bibliothek verzeichnet diese Publikation in der
Deutschen Nationalbibliografie; detaillierte bibliografische Daten sind
im Internet über http://dnb.ddb.de abrufbar.

veröffentlicht im Traumstunden Verlag
Britta Modler-Andrea el Gato GbR

Einflugschneise

Ausgewählte Songtexte und Gedichte (1982 – 2010)

Thomas Heyroth

1. Auflage 2010

Alle Rechte vorbehalten

Nachdruck, auch auszugsweise, verboten

Kein Teil dieses Werkes darf ohne schriftliche Einwilligung des Verlages
in irgendeiner Form (Fotokopie, Mikrofilm oder ein anderes Verfahren)
reproduziert oder unter Verwendung elektronischer Systeme verarbeitet,
vervielfältigt oder verbreitet werden

Zusammensetzung Thomas Heyroth

Satz Traumstunden Verlag

Umschlaggestaltung Thomas Heyroth

Druck und Bindearbeit Winterwork Grimma

Printed in Germany

ISBN 10: 3-942514-05-7
ISBN 13: 978-3-942514-05-7

www.traumstunden-verlag.de

Für meine Tochter Melanie,
meine viel zu früh
verstorbene Grossmutter
Elisabeth Gravenhorst,
meinen ehemaligen Deutschlehrer
Bernd Granzin

und für

meine Lebensgefährtin Regine,
meinen besten Freund Andreas Schulze
und meine Familie
Doris, Wolfgang, Kerstin, Dirk,
Niklas
und Domenik

Verstehen Sie mich nicht falsch :
Ich bin weder unfreundlich noch arrogant, allerdings betrachte
ich die Grundregeln des Geschäfts mit gesunder Skepsis.
Schalten Sie eine Talk-Show ein, dann erleben Sie wie
Prominente – wobei ich anmerken darf : Früher musste man
wenigstens Wimbledon gewinnen um prominent zu sein,
heute reicht es in einer Casting-Show zu krächzen – ihr
Produkt vermarkten :
Also: Nett gestylt in die Kamera lächeln, belanglosen
Dummfug (Unsinn) plaudern und die eigene CD oder das eigene
Buch alle 2 Minuten in die Kamera halten.
Das ist nicht mein Ding. Nie gewesen.
Ich bin Autor – kein dressierter Tanzbär.

Dennoch habe ich, nach reiflicher Überlegung, beschlossen
dieses Vorwort zu schreiben.
Nicht, dass ich im geringsten der Ansicht wäre, der Erwerb
dieses Buches würde Sie berechtigen, auch zu wissen, welche
Partei ich wähle oder wie oft ich meine Socken wechsele.
Der Hauptgrund ist: Ich kann in Zukunft alle Fragen mit
dem Hinweis abblocken: Lesen Sie das Vorwort meines
Buches. Clever, oder ?
Die Wahrheit ist: Ich habe einen erträglichen Kompromiss
gefunden. Ich werde Sie hier nicht seitenlang mit meinem
Lebenslauf langweilen, sondern Sie nur mit einigen Fakten
vertraut machen, hauptsächlich jedoch etwas zur Entstehung
dieser Texte und vor allem dieses Buches schreiben.
Können wir uns darauf einigen?

Ich wurde 1962 in Berlin geboren und während meiner
Schulzeit stellte sich bereits eine gewisse Begabung im
Umgang mit der deutschen Sprache heraus.
Ermutigt durch einen Lehrer, der mir gleichermaßen
Mentor und schärfster Kritiker war und dem ich
unendlich viel verdanke, begann ich mich mit Literatur
zu beschäftigen.

Bereits während meiner Schulzeit versuchte ich mich an
Theaterstücken und Kurzgeschichten, jedoch von
überschaubarer Qualität.

Ohnehin plante ich den Roman des Jahrhunderts zu
schreiben, also mindestens ein „Fänger im Roggen".
Leider musste ich ziemlich schnell feststellen, dass
mir die Geduld und die Begabung fehlten.
Mir fielen zu dieser Zeit einige Gedichtbände von
Wolf Wondratschek in die Hand und mein erster Gedanke
war: Das kann ich auch.
So begann also 1982 meine Karriere als Schriftsteller.
Eines meiner ersten (politischen) Gedichte wurde von
einem damals populären Lifestyle-Magazin („Tempo" oder
„Twen" – ich weiß es nicht mehr, wenn jemand das Exemplar
hat, bitte melden, mir ist es bei einem meiner 100 Umzüge
verlustig gegangen) abgedruckt und zwar eingerahmt von
Tucholsky und Lennon.
Eine würdige Gesellschaft wie ich unbescheiden fand.
Ich schloss mich ein paar Wochen in meiner unbeheizten
Einzimmer-Bude ein, mit einem gehörigen Vorrat an
Lambrusco, Martini, Zigaretten und Salami und schrieb
meinen ersten Gedichtband.
Ich schickte diesen an „rororo" und bekam eine freundliche
Absage, begleitet von vielen aufmunternden Worten und der
Feststellung, dass ich nicht in ihr Verlagsprogramm passe.

Wahrscheinlich hätten die meisten Autoren ihr Werk einfach
noch anderen Verlagen angeboten, aber meine Einstellung
damals war: Nicht ich brauche die Welt – die Welt braucht mich.
Fortan schrieb ich also für mich (oder, um es negativer
auszudrücken: Für die Schublade).
1983 habe ich geheiratet, 1986 wurde ich Vater, 1992 geschieden.
In dieser Zeit schrieb ich wenig und unregelmäßig.
Ein paar wirklich schlechte Kurzgeschichten, ein paar hundert
Gedichte, aber alles das passierte irgendwie nebenbei.
Irgendwann fing ich an Songtexte zu schreiben.
Nicht aus Passion, sondern aus Notwehr.
Musik war von jeher eines der wichtigsten Dinge in meinem
Leben gewesen, auch wenn ich selbst leider völlig
unmusikalisch bin.

Meine Familie erinnert sich heute noch mit Grausen
an die Zeit meiner häufigen Umzüge, als ca. 1500
Schallplatten behutsam von A nach B transportiert
werden mussten.
Tatsache war zu dieser Zeit: Kaum deutsche Musik im
Radio, einzig ein paar Liedermacher, die mir textlich
zusagten (Mey, Wecker, Hirsch), aber keiner sang das
was ich hören wollte.
Also schrieb ich meine Texte selbst.
Circa 1992 traf ich dann den hochbegabten Komponisten
Benny Hiller, der zahlreiche meiner Texte vertonte.
Zusammen mit der bekannten Modedesignerin Monella
Caspar bildete Benny bald darauf das Duo „Schwarzblond"
(anfangs noch „Monella & Benny").

Die Anforderungen an meine Arbeit wuchsen.
Texte auf Musiken zu schreiben ist für mich noch heute
fast ein Ding der Unmöglichkeit, da mir das entsprechende
Gehör fehlt, dagegen lernte ich schnell alles wissenswerte
über Metrik und Phrasierung.
Wenn ich einen Songtext schreibe, kann ich im Geist
mitsingen und merke ob alles „passt".
Allerdings musste ich im Laufe der Jahre meine Arbeitsweise
den Umständen anpassen.
Normalerweise schreibe ich einen Text ohne ihn noch
mehrmals zu überarbeiten.
Nun jedoch galt es gelegentlich nachzubessern:
„Hier brauchen wir noch einen Vierzeiler",
„Der Refrain ist zu lang" usw.
Die Veröffentlichung meiner Texte auf CD und die
Auftritte von „Schwarzblond" konfrontierten mich
nun auch erstmals mit den Reaktionen der Öffentlichkeit.
Überwiegend fielen die Reaktionen auf meine Texte
positiv aus, eine Berliner Zeitung verglich mich mit
Friedrich Holländer (was ich durchaus als Kompliment,
wenn auch nur sehr bedingt als zutreffend erachte)
und Romy Haag bestand darauf, dass ich ihr einen
Text schreibe (Es wurde der Titelsong ihrer CD
„Balladen für Huren und Engel").

Diese Jahre brachten in mancherlei Hinsicht viele
Veränderungen mit sich.
Zum einen veränderte sich – Gott sei Dank – die
deutsche Musiklandschaft.

Es gab jetzt eine ganze Reihe deutscher Künstler
in deren Texten man sich wiederfinden konnte
(„Heinz Rudolf Kunze", „Element of Crime", „Rio Reiser",
"Tocotronic", "Rosenstolz" und andere).
Man bekam plötzlich die Möglichkeit seine eigenen
Fähigkeiten mit denen anderer zu vergleichen.

Ein weiterer wichtiger Aspekt war, dass ich fortan
„zweigeteilt" schreiben musste.
Einerseits Texte, die ich Monella und Benny auf den
Leib schrieb, andererseits Texte, die mein Verständnis
als Künstler dokumentierten.
Ich weiß, dass dieses Buch all jene enttäuschen wird,
die hoffen hier meine „Hits" wiederzufinden.
Kein Zweifel : „Fliegenpilz und Oleander" und „Blumenherz"
mögen unglaublich schöne Lieder sein, „Ick find Dir
tutti, Mutti" ein Gassenhauer ohnegleichen, aber
ich habe die Texte in diesem Buch nach künstlerischen
Aspekten ausgewählt und da fielen sie durch den
Rost, sorry.

Die hier versammelten Texte umfassen einen Zeitraum
von 28 Jahren, aber ich weiß nicht, ob man sie wirklich
als „Best of Tom" – Compilation betrachten kann.
Nach meinem misslungenen Versuch 1982 mein Buch
an den Mann bzw. an den Verlag „rororo" zu bringen,
hatte ich mich nie mehr mit der Möglichkeit einer
Veröffentlichung befasst.
Ab und an fragte mal jemand an : „Gibt es Deine Texte
irgendwo zu lesen?" und ich schickte der betreffenden
Person auf Wunsch die entsprechenden Texte, was in
Zeiten des Internets keine große Schwierigkeit darstellt.

Irgendwann im Frühjahr 2008 räumte ich mein Zimmer auf.
Ich mache so etwas äußerst widerwillig und selten, im
Gegensatz zu meiner Lebenspartnerin, die alle paar Wochen
streicht, tapeziert, Wände einreißt und an anderer Stelle
wieder hochzieht.
Ich saß dann also vor 10 Ordnern voll mit Texten, die
ich zu Zeiten als es noch keine Computer gab, in die Tasten
meiner Schreibmaschine gehämmert hatte (und ich erinnerte
mich mit einem Schaudern an meine vom ständigen
Farbbandwechsel verschmierten Hände) und stellte fest,
dass ich im Laufe der Jahre über 5000 Texte geschrieben hatte.
Knapp die Hälfte davon lagen auf meiner Festplatte,
ich war allerdings zu faul die anderen abzutippen und
entsorgte sie bis auf einige wenige Ausnahmen.

Zu diesem Zeitpunkt traf ich auch die traurige Feststellung,
dass ich möglicherweise meinen Zenit als Künstler
überschritten hatte.
Zwischen 1992 und 2003 schrieb ich wie ein Besessener,
manchmal ein ganzes Wochenende hindurch, 30 -40 Texte
hintereinander und oft war ich mit dem einen noch nicht
fertig, da hatte ich den nächsten schon im Kopf.
2004 war ich wegen eines Bandscheibenvorfalls und
mehrerer Krankenhausaufenthalte außer Gefecht und
schrieb fast gar nicht.
2005 und 2006 kam ich wie früher gut und schnell voran,
wobei ich interessanterweise feststellte:
Ich muss am PC schreiben – wenn ich vor einem Blatt
Papier sitze fällt mir nichts ein.
Die Möglichkeit Worte zu tilgen, Zeilen umzuformulieren,
kurz: zu experimentieren, war eine Grundvoraussetzung
geworden.
Ich hatte im Laufe der Jahre gemerkt, dass meine Texte
immer besser wurden.
Ich denke, das ist ein natürlicher Prozess: Man schult seine
Fertigkeiten und erklimmt irgendwann eine neue Stufe.

Ich betrachte Kunst als eine Kombination aus Talent und harter Arbeit und wenn ich nicht nebenbei noch einem Beruf nachgehen müsste, um meine Brötchen zu verdienen, sondern das Schreiben zu meinem Lebensinhalt gemacht hätte, wäre ich noch ein Stück weiter gekommen.
Aber ich will nicht klagen.

Jedenfalls ist es heute so, dass mir die Ideen nicht mehr zufliegen. Oft starre ich stundenlang auf den Monitor und wenn dann die Worte kommen, muss ich hart um sie kämpfen. Noch bin ich nicht bereit aufzugeben und in den letzten beiden Jahren sind mir wieder einige gute Texte geglückt.
In diesem Bewusstsein habe ich mich im Frühjahr 2008 durch mein Lebenswerk gearbeitet und Bilanz gezogen.
Ich gehe auf die 50 zu und wenn ich im Leben je irgendetwas bedeutendes geleistet haben mag, dann lässt es sich in diesen Texten finden.
Meine Tochter ist mittlerweile erwachsen (und mein ganzer Stolz) und meine größte Motivation dieses Buch zu veröffentlichen, war der Gedanke ein Vermächtnis zu hinterlassen.
Ich war niemals ein eitler Mensch: Mich schert es nicht wie meine Haare liegen, ich brauche kein großes Auto und ich fühle mich in meiner zerschlissenen Jeans wohler als in einem Armani-Anzug.

Und so verhält es sich mit meiner literarischen Arbeit: Ich weiß, wenn ich Mist schreibe und ich weiß, wenn mir etwas außergewöhnlich Gutes gelingt.
Natürlich freut man sich als Künstler über positives Feedback, wohlwollende Kritiken und Zuspruch, aber letztendlich ist der einzige Maßstab, der für mich wirklich zählt, mein eigenes Urteil.
Das mag überheblich klingen, aber so ist es nicht gemeint. Es bedeutet nur, dass ich den Wert meiner Arbeit einschätzen kann, unabhängig von ihrem Erfolg.

Aber ich will nicht abschweifen:
Als ich mich nun aufraffte meine Werke zu ordnen und
zur Veröffentlichung anzubieten, erstellte ich 3 Manuskripte,
von denen das vorliegende das literarisch anspruchsvollste war.
Ich suchte mir im Internet einen Berliner Verlag, schickte
die 3 Manuskripte ein und bekam kurze Zeit später für alle
ein Vertragsangebot.
Die Vertragsverhandlungen selbst zogen sich dann über Monate
hin, aus dem einfachen Grund, dass ich sicherstellen musste,
dass sämtliche mit der musikalischen Verwertung der Texte
verbundenen Rechte (also z.B. auch der Abdruck der Songtexte
im CD-Inlet usw.) bei den Musikern verblieben und von dem
Vertrag nicht berührt wurden.
Schließlich wurde ein Veröffentlichungstermin für das erste
Buch für Sommer 2010 vertraglich vereinbart.

Dieser Verlag hatte ein zweigeteiltes Programm :
„Normale" Autoren und Autoren, die irgendwann
im Laufe ihres Lebens Missbrauchsopfer geworden
waren (sexuelle Übergriffe, häusliche Gewalt, seelische
Grausamkeit, kurz: Die ganze Palette).
Ich empfand es als gute Sache, bei einem Verlag unter
Vertrag zu stehen, der ein gewisses soziales Engagement
bewies.
Persönlich und online lernte ich dann zahlreiche weitere
Autorinnen und Autoren dieses Verlages kennen und es
entwickelte sich ein interessanter Austausch, sowohl
menschlich wie auch künstlerisch.
Insbesondere der Umgang der Missbrauchsopfer und
der Nichtbetroffenen miteinander war eine
bemerkenswerte Erfahrung, die mich für das Thema
sensibilisierte und meinen Horizont erweiterte.
Auf Initiative einer bemerkenswerten Autorin wurde
innerhalb kürzester Zeit eine Anthologie mit dem
Titel „Hände reichen" fertiggestellt und veröffentlicht,
an der ich mit einigen Texten beteiligt war.

Dann schloss der Verlag von einem Tag auf den anderen.
Die Auswirkungen auf die Autorinnen/Autoren war
unterschiedlich: Zorn, Trauer, Verzweiflung – alles,
was man sich in so einer Situation eben vorstellen kann.
Insbesondere für die Gruppe der Überlebenden (wie sich
die Missbrauchsopfer selbst bezeichneten), für die
die Arbeit im und mit dem Verlag auch eine gewisse
therapeutische Wirkung hatte, war dieses abrupte
Ende wie ein Messerstich in den Rücken.
Doch nun geschah etwas absolut erstaunliches,
etwas, das mich unter anderem auch bewog dieses
Vorwort zu schreiben :
Ein Großteil dieser Autoren fanden sich online in einem
neuen Forum zusammen, um gemeinsam die Enttäuschung
zu überwinden, um Kontakt zu halten und um sich gegenseitig
zu trösten und zu helfen.

Trotz der Tatsache, dass wir alle sehr unterschiedlich sind,
sowohl was unseren sozialen Background betrifft, als auch unsere
literarischen Fähigkeiten und obgleich uns von Anfang an
bewusst war, dass diese neue Gemeinschaft ein sehr fragiles
Gebilde ist, so ist sie zugleich doch ein Ausdruck von
Menschlichkeit und Hoffnung in kalter Zeit.

Nun begab es sich (hört sich an wie ein Märchen, aber ist
ja auch irgendwie eines), dass eine aus unserer Mitte
beschloss ihren eigenen Verlag zu gründen.
Bei jedem/jeder anderen hätte ich solchen Vorschlag
als naive Phantasterei abgetan, aber Britta (die ich vorstehend
schon als Initiatorin der Anthologie erwähnte), ist eindeutig
jemand, den man nicht nach normalen Maßstäben
beurteilen sollte.

Ich habe sie bisher nur online kennengelernt, aber abgesehen
von der Tatsache, dass sie eine hervorragende Autorin ist
(bring endlich Dein Buch heraus, es ist großartig!), verfügt
sie über einen eisernen Willen und ein Durchsetzungsvermögen,
wie man es nur äußerst selten findet.

Einige Autorinnen/Autoren sind zu anderen Verlagen gewechselt, ein Schritt, den ich nie in Betracht zog, solange auch nur die geringste Chance bestand, dass Britta es schaffen könnte.
Ich will hier nicht all die Schwierigkeiten aufzählen, die solch eine Verlagsgründung mit sich bringen, insbesondere, wenn man auch im privaten Umfeld meist auf sich allein gestellt ist.
Ich habe nicht bedingungslos darauf vertraut, dass es wirklich mit dem Verlag klappt, aber ich hätte mein letztes Hemd darauf verwettet, dass, wenn es überhaupt jemand schaffen kann, dann Britta.

Ich schreibe diese Zeilen im April 2010, gestern habe ich erfahren, dass mein Buch zur Veröffentlichung zum Jahresende vorgesehen ist.
Das bedeutet, es kann noch viel geschehen :
Der Verlag geht pleite, oder ich werde vom Bus überrollt.
Egal. Ich glaube an das Erscheinen dieses Buches aus vielen Gründen:

Weil meine Tochter wissen soll, dass ihr Daddy „was auf dem Kasten hat."
Weil wir uns nicht über Vertragsdetails streiten werden.
Weil dieses Buch es wert ist gelesen zu werden.
Weil ich keine andere Verlegerin will.

Nun wissen Sie also etwas mehr über die Entstehung dieses Buches und ich habe es wohl halbwegs geschickt verstanden von meiner Person abzulenken.
Aus dem Grund, den ich bereits anfangs erwähnte:
Wichtig ist nicht, wer oder was ich bin, sondern was ich schreibe.
Die Texte in diesem Buch sind nicht chronologisch oder thematisch geordnet, die meisten stammen aus den Jahren 1992 bis 2010, aber es sind auch einige frühere Werke dabei.
Sie werden ernste und lustige (sofern Sie meinem Humor folgen können) Texte vorfinden und wie ich hoffe, vor allem poetische.

Sie werden unschwer feststellen, dass mehr Songtexte
als Gedichte vertreten sind, wobei ich die Grenzen
mitunter fließend sehe.

Vielleicht werden Sie sich bei manchem Text fragen :
„Was hat sich der Autor dabei bloß gedacht?"
Nun, Sie werden es nie erfahren und glauben Sie mir,
es ist besser so.
Selbstverständlich sind einige dieser Texte autobiographisch,
aber in der Hauptsache ähnelt ein Schriftsteller
wohl einem Schwamm (und mancher sieht auch so aus) :
Alles an Eindrücken aufsaugen, verarbeiten und wieder
aus sich herausfließen lassen.
Oft taucht die Frage nach literarischen Vorbildern auf.
Nun, Kästner, Ringelnatz und Tucholsky haben mich
mit Sicherheit beeinflusst, Mascha Kaléko bewundere
ich über alle Maßen, aber Heinz Rudolf Kunze ist mit
Sicherheit der Fixstern für all jene, die deutsche
Songtexte schreiben.

Entscheidend ist aber, dass ich zwischen all den
Einflüssen meine eigene Sprache gefunden habe.

Wenn Sie nun weiterlesen, verfolgen Sie den Weg
meiner literarischen Reise durch die Jahre und ich
hoffe, Sie finden in dem einen oder anderen Text
etwas, was sie berührt, was Sie anspricht, was Sie
zum Lachen, zum Weinen oder zum Nachdenken bringt.
Sie werden hier mit allen Facetten meiner Persönlichkeit
bekannt gemacht, Sie erleben mich zornig und traurig,
hoffnungsvoll und verzweifelt, vor allem aber immer
auf der Suche.

Auf der Suche nach Wahrheiten und Weisheiten,
auf der Suche nach Harmonie und Poesie,
auf der Suche nach dem vollkommenen Gedicht,
nach Worten, die nicht schon tausendfach gesagt wurden.
Und vielleicht auch auf der Suche nach mir selbst.

Sollten Sie mit diesem Buch nichts anfangen können, dann verschenken Sie es weiter, legen es unter das wacklige Tischbein oder werfen es ihrem Freund an den Kopf (Sie wissen schon: magersüchtige Blondine).

Ich habe dieses Buch einigen Menschen gewidmet, die ich liebe und am Ende gibt es eine Danksagung an alle, die sie irgendwie verdient haben. Aber dieses Vorwort, liebe Leserin/lieber Leser (danke, dass sie bis hier durchgehalten haben), gebührt in aufrichtiger Bewunderung und Freundschaft nur einem Menschen, denn letztendlich ist es nur ihrem unermüdlichen Einsatz zu verdanken, dass Sie dieses Buch doch noch in den Händen halten.

Liebe und Licht, Britta

Thomas Heyroth
April 2010

Das Ungenaue

Wir Dichter sind eine seltsame Zunft
Wir würden gern NEUES erschaffen
Wir klammern uns fest an die Vernunft
und benutzen die Worte als Waffen

Wir nennen die Liebe selten nur Liebe
wir suchen stets ein Synonym
im Grunde sind wir nichts weiter als Diebe
und nur mit uns selber intim

Das Ungenaue treff ich genau
Die Wichtigkeit bleibt verborgen
Heute versteht mich noch keine Sau
Vielleicht morgen

Klein – groß

Man kann nicht zu klein
für große Fragen sein
denn wenn man das glaubt
kriegen die Großen einen klein

Wer liebt der will belogen sein

Es sind doch nichts als Worte
die uns im Wege stehn
so einfach zu durchschauen
und so leicht zu verdrehn
Wir fallen auf das Schicksal
aus Überzeugung rein
das ist nur allzu menschlich
Wer liebt der will belogen sein

Wir feilschen um Verständnis
handeln Verträge aus
doch es kommt letzten Endes
nichts Gutes dabei raus
Wir haben unsre Schwächen
gestehen sie nicht ein
das ist nur zu verständlich
Wer liebt der will verwundbar sein

Wir graben selbst die Gruben
und fallen gern hinein
und etwas wird uns bleiben
sei es auch noch so klein
Wir zähmen die Begierde
so sagt der äußre Schein
ich aber weiß es besser
Wer liebt der will belogen sein

Der einbeinige Hampelmann

Er redete nie. Ging nicht aus dem Haus.
Der Vater war tot. Auch der Vater hieß Klaus.
Sein Zimmer war klein. Er liebte die Wände.
Manchmal zitterten sie. Manchmal seine Hände.

Sein einbeiniger Hampelmann
fing oft von selbst zu strampeln an
das war eine Sache der Symmetrie
Phantomschmerz abwärts vom Knie

Er redete nie. Oft kamen Leute.
Die sprachen vom Wetter, von gestern, von heute.
Mutter brachte ihm immer das Essen.
Er hat es meist auf dem Teller vergessen.

Er redete nie. Man kam mit Geschenken.
Er wollte nicht danken. Nicht einmal dran denken.
Er sah aus dem Fenster. Nur Wolken und Spatzen.
Dann hielt er die Luft an und hoffte zu platzen.

Sein einbeiniger Hampelmann
fing oft von selbst zu strampeln an
das war eine Sache der Symmetrie
Phantomschmerz abwärts vom Knie

Siebenmonatskind

Mein Vater war ein fetter alter Hippie
ihm fielen graue Locken ins Gesicht
er stammte irgendwo vom Mississippi
und seinen Namen nannte man mir nicht
Und Mutter war ein deutsches Fräuleinwunder
vergeblich träumte sie von nem GI
sie strickte Vater blaue Wollpullunder
und wurd von Schokolade immer high

Sie liebten sich bei Vollmond an ner Brücke
und tranken importiertes Weizenbier
er ging und hinterließ in ihr ne Lücke
und diesen Vorwurf machte sie dann mir

Ich bin ein Siebenmonatskind
verdreht im Kopf und farbenblind
mit großem Herzen – kleinen Ohrn
gezeugt - geworfen und verlorn

Im Internat lehrte man mich Verstecken
ich fasste zu mir selber kein Vertraun
zuerst beschloss ich einfach zu verrecken
doch dann mutierte ich zum Klassenclown
Später fuhr ich zur See als Navigator
bis unser Kahn mal vor Mallorca sank
ich blieb dann dort als Elvis-Imitator
und sang die deutschen Urlaubsgäste krank

Bei Vollmond liebte ich ne Senorita
und zeugte dabei ungewollt ein Kind
ich nannte es Paolo - sie Klaus-Dieter
und ich verpisste mich dann ganz geschwind

Ich bin ein Siebenmonatskind
verdreht im Kopf und farbenblind
mit großem Herzen - kleinen Ohrn
gezeugt - geworfen und verlorn

Ich ging zurück ins alte Buxtehude
und nahm mir dort ne dicke blonde Frau
sie roch nach Fisch und sie hieß auch noch Trude
ich war das nächste Jahr fast nur noch blau
Dann kam ein Brief von meiner Tante Hilde
unzureichend frankiert und seitenlang
sie setzte mich ganz unverblümt ins Bilde
und schrieb mein Vater wär zurück im Land

Wir trafen uns in einer Bar in München
er trug ein furchtbar buntkariertes Hemd
er sagte ich könnt mir von ihm was wünschen
ich sagte : Bitte bleib mir weiter fremd

Astrologen

Bleibt mir gewogen ihr Astrologen.
Gebt mir auch heute ein Motto.
Werd ich geliebt ? Werd ich betrogen ?
Gewinne ich endlich im Lotto ?

Seid mein Orakel.
Hier meine Frage :
Steinbock oder Waage ?
Glück oder Debakel ?

Ich liege im Sterben. Ihr schriebt vom Glück.
Nehmt eure verdammten Sterne zurück.
Ihr seid eine eitle und dumme Mischpoke.
Ich hasse euch. Und Horoskope

Neulich auf dem Deich

Schau am Abendhimmel
ein Mercedes-Stern
leuchtet für uns beide
so hab ich es gern

Es duftet nach Fa
herrlich solche Nächte
ich bin Muttis Bester
du bist Werthers Echte

Unsere Nokias leuchten
und nach kurzer Zeit
kommen wir uns näher
bei einem Jever-Light

Die Beliebigkeit

Die Biere warm. Dein Lachen laut.
Und immer Mittelpunkt der Meute
Im Frohsinn wirkst du sehr vertraut
so kennt man dich nicht erst seit heute

Du taugst weiß Gott zur Kumpanei
zum Scherzen und zum Schenkelklopfen
du bist mit vollem Herz dabei
und verschmähst keinen guten Tropfen

Doch legt sich die Betriebsamkeit
dann macht sich etwas andres breit
was du auch tust es kehrt stets wieder
und es zieht dich gar grausam nieder

Und das ist die Beliebigkeit
ein Geist der keinen Geist befreit
im Schatten deiner Heiterkeit
da lauert sie auf ihre Zeit

Die Autos schnell. Die Mädchen jung.
Und keine Zeit um zu Verweilen.
Ein Panther, immer auf dem Sprung
ein Akrobat auf hohen Seilen

Die Börse voll. Das Grinsen breit.
Man spürt an dir stets das Vitale
und du trotzt jeder Spießigkeit
und flegelst dich durch das Banale

Doch endet die Notwendigkeit
tust du dir manchmal ziemlich leid
und kommst dir selber in die Quere
in dieser gottverdammten Leere

Dann bleibt nur die Beliebigkeit
und sie begrüßt dich hoch erfreut
egal wie tief man auch bereut
dagegen ist sie schon gefeit

Nachruf auf den Schüler Krause

Wer hätte denn geahnt dass Schüler Krause
von dem man wusste dass er gerne lacht
ganz eigenmächtig seine Große Pause
viel länger als ihm zusteht fortan macht

Er sprang vom Dach und das vor aller Augen
die Rieke meinte keck: „Gleich wird er fliegen"
doch weil die Menschen dazu wenig taugen
konnt er die Schwerkraft letztlich nicht besiegen

Er knallte auf den Hof und brach in Stücke
sein Blut spritzte auf Alberts Pausenbrot
der hatte noch ein zweites bei – zum Glücke
doch Krause war nun zweifelsohne tot

Der Rektor kam und sprach mit bleichen Wangen:
„Am Rest des Tages fällt die Schule aus"
und da Latein in Kürze angefangen
ging man nicht wirklich schlechtgelaunt nach Haus

Der Friedrich sprach beim Heimweg in die Runde
und wie es schien auch innerlich gefasst:
„Wär er gesprungen nach der ersten Stunde
hätten wir auch noch Religion verpasst"

Ich bin nicht was ich schreibe

Verzeihen Sie bitte diese schändliche Störung
ich habe Verständnis für Ihre Empörung
Sie haben sich weit aus dem Fenster gelehnt
und sich nach ehrlicher Dichtung gesehnt
Ich hab es versucht, das ist gar keine Frage
doch ich bin ein Produkt längst vergessener Tage
und Ihr Wohlgefallen trübte den Blick
jetzt geben Sie mir meine Worte zurück

Ich bin nicht was ich schreibe
ich schreibe was ich bin
und dass ich flüchtig bleibe
ist auch in Ihrem Sinn
Die Welt ist keine Scheibe
doch das bekomm ich hin
ich bin nicht was ich schreibe
ich schreibe was ich bin

Verzeihen Sie bitte meine skeptische Haltung
die Kunst schreit beständig nach freier Entfaltung
mir fehlt nicht das Talent, höchstens die Phantasie
und mit Kundschaft fraternisiere ich nie
Ich hab es gewollt, das ist gar keine Frage
doch der Selbstzweck ist eine furchtbare Plage
und Ihr Wohlgefallen trübte den Blick
jetzt geben Sie mir meine Worte zurück

Ich bin nicht was ich schreibe
ich schreibe was ich bin
und dass ich flüchtig bleibe
ist auch in Ihrem Sinn
Die Welt ist keine Scheibe
doch das bekomm ich hin
ich bin nicht was ich schreibe
ich schreibe was ich bin

Beenden wir endlich diese bittere Posse
ich wäre nicht gerne ihr Leidensgenosse
also nehmen Sie es doch bitte so hin
ich bin nicht was ich schreibe – ich schreibe was ich bin

Trage dich den Sternen an

Trage dich den Sternen an
mögen sie dich leiten
weiter als man blicken kann
und durch alle Zeiten

Trage dich den Sternen an
mögen sie dich führen
vielleicht wirst du irgendwann
kein Fernweh mehr verspüren

Trage dich den Sternen an
Sterne bringen Glück
aber frag dich dann und wann:
Find ich noch zurück ?

Schmetterlinge im Schnee

Mir tränen die Augen? Was du nicht sagst
Keine Sorge es ist nur der Rauch
Sehr aufmerksam, danke – nett dass du fragst
Ob ich dich...? Noch immer? Doch...auch

Komm wir spielen ein Spiel
sag mir was ich seh
halt die Augen dir zu
zähl bis zehn und dann geh

Da liegen Schmetterlinge im Schnee
und mein Herz ist ein einsamer Reiter
Mir brennt das Gesicht. Wir zwei? Lieber nicht.
Der Weg führt bis hier und nicht weiter

Das Herz ist durstiger als der Mund

So mancher sagt: Die Liebe, ach die
damit bleib mir bloß vom Leibe
um sich selbst umzubringen, dazu taugt sie
und manchmal zum Zeitvertreibe

Man kann sie nicht falten, man kann sie nicht essen
sie passt auch in keine Tasche hinein
man sollte sie schleunigst vergessen
oder lässt sie am besten gar nicht erst rein

Wohl war, denke ich und auch wieder nicht
man blickt bei ihr nie auf den Grund
und auch ich habe meine ureigene Sicht:
Das Herz ist durstiger als der Mund

So mancher sagt: Die Liebe, oh weh
damit muss man mir nicht erst kommen
erst stürzt sie dich haltlos in Euphorie
dann wird sie dir wieder genommen

Man kann sie nicht halten, man kann sie nicht locken
sie wartet auch nicht vor der Tür
viel praktischer sind da doch ein paar Socken
die wärmen dich auch, glaub es mir

Wohl war, denke ich und auch wieder nicht
man blickt bei ihr nie auf den Grund
und auch ich habe meine ureigene Sicht:
Das Herz ist durstiger als der Mund

Schaumstoff

Der Mann hinter der Glaswand
ähnelt einem Reptil
sie haben viele Fragen
doch er bestimmt das Spiel
Von Wölfen und von Lämmern
erzählt er heut nichts mehr
sein Blick trinkt grad die Nacht aus
er atmet tief und schwer

Er flüstert in die Stille:
Ich mag wenn sie mich hassen
und es gibt 50 Arten
den Körper zu verlassen

Für mich war es nur Schaumstoff
ihr Blick war viel zu jung
doch Tiger und Gazelle
vereinten sich im Sprung
Ihr neidet mir das Wissen
und sehnt euch nach der Macht
ich fand den goldnen Schlüssel
zum Schattenspiel der Nacht

Der Mann hinter der Glaswand
zeigt auf das Mikrofon
Ihr fangt den Klang von Stimmen
und hört doch keinen Ton
Die Wahrheit liegt im Schweigen
es spricht kein Gott zu mir
ich bin nicht wie ihr denkt
ich bin genau wie ihr

Er flüstert in die Stille:
Ich mag wenn sie mich hassen
und es gibt 50 Arten
den Körper zu verlassen

Für mich war es nur Schaumstoff
ihr Blick war viel zu jung
doch Tiger und Gazelle
vereinten sich im Sprung
Ihr neidet mir das Wissen
und sehnt euch nach der Macht
ich fand den goldnen Schlüssel
zum Schattenspiel der Nacht

Die Wahrheit kommt in die Jahre

Ein Brief in der Post. Das Schriftbild sehr niedlich.
Und wieder wird man erinnert.
Nicht boshaft sondern sehr höflich und friedlich
wird gefragt ob es einen noch kümmert.

Man kramt im Gedächtnis. Betroffenes Schweigen.
Und zwingt sich alljährlich aufs Neue
aus Anstand noch eine Regung zu zeigen.
Was war es doch gleich? Scham und Reue.

Ein Brief in der Post. Gar lästig die Mahnung.
Man möchte sich nicht mehr erinnern.
Wer sonst hat davon schon die leiseste Ahnung
und wen soll es heute noch kümmern?

Die Schuld war nur klein. So stand es geschrieben.
Man stempelte nur Formulare
Und ist auch später im Amt noch geblieben.
Die Wahrheit kommt in die Jahre.

Tag viertel - rot

Dem Hund einen Knochen – daran mag er kauen
bis ihm der Kiefer schwer wird wie Blei
inzwischen werd ich dir das Leben versauen
bis du lachst und mir schwörst es wär gar nichts dabei

unter Tränen zu lieben
und Gedanken zu kriegen
die man besser verschweigt aber nie mehr vergisst

also komm - also geh
also sag wie es ist

Tag viertel-rot treibt mit hämmernden Stunden
uns etwas zu weit und zu zweit in das Glück
wir haben uns irgendwie anders gefunden
und können nicht weiter und auch nicht zurück

Dem Glück eine Schleife – da kann es sich freuen
bis es genug hat oder uns nicht mehr will
ich würde so gerne von Herzen bereuen
aber wenn du mir zuhörst werd ich immer still

und berühr dich nicht peinlich
denn es wäre kleinlich
um Vergebung zu feilschen wenn man grade lacht

also bleib – also geh
aber gib auf mich acht

Tag viertel-rot treibt mit hämmernden Stunden
uns etwas zu weit und zu zweit in das Glück
wir haben uns irgendwie anders gefunden
und können nicht weiter und auch nicht zurück

Als die Postzusteller noch Briefträger hießen

Erinnerst du dich an die leidige Plage
an meine Geburt und die folgenden Tage
du hieltest Ted Herold für Rockmusik
zum Glück für dich machte das keiner publik

Hinterher ist man sowieso immer schlauer
egal ob nun Erhard oder ob Adenauer
es ließ sich nie übertünchen
nur Bauknecht weiß was Frauen wünschen

Ich hätt dir ein besseres Leben gegönnt
eines mit Symphonien und mit Happyend
in einer Zeit wo die Väter die Mütter verließen
und die Postzusteller noch Briefträger hießen

Erinnerst du dich an die bohrenden Fragen
beim Versuch mich alleine durchs Leben zu tragen
ich hörte dich weinen in mancher Nacht
doch du hast trotzdem an meinem Bettchen gewacht

Hinterher ist man sowieso immer schlauer
und nichts im Leben ist jemals von Dauer
es ließ sich zu keiner Zeit übersehn
dein Stolz lehrte dich aufrecht zu gehn

Ich hätt dir ein besseres Leben gegönnt
eines mit Symphonien und mit Happyend
in einer Zeit wo die Väter die Mütter verließen
und die Postzusteller noch Briefträger hießen

Brückenpfeiler – nach Mitternacht

Am Brückenpfeiler
ein Uhu hing
und glotzte einem Mann
der dort pisste
aufs Ding

Das gehört sich nicht
fand dieser Mann
doch er quatschte nicht gern
fremde Uhus nachts an
darum packte er schnellstens
sein Ding wieder ein
und ließ den Uhu
am Pfeiler allein

Ausblick

Jemand schiebt den Intercity
durch ne Landschaft Richtung Norden
und ich rufe aus dem Fenster:
Was ist bloß aus dir geworden?
Diese Wälder sind aus Pappe
sie bauen dort Rennsportpisten
jagen Rehe an der Böschung
und vereinzelt Terroristen

Jemand fragt nach meinem Fahrschein
und ich möchte mich beschweren
für die Mühe diesen Umstand
meines Daseins zu erklären
Dieser Zug ist doch nicht wirklich
und auch ich bin Schein und Dichtung
wie die Wolken dort am Himmel
und die Kinder auf der Lichtung

Jemand fragt ob hier noch frei wär
und ich lache: Ja ein Herz
doch beweist der Blick der Dame
sie hält nichts von meinem Scherz
Und ich fühl nicht das Bedürfnis
ihre Gegenwart zu dulden
weil mir klar ist dass es wahr ist
dass wir uns nur Abstand schulden

Jemand sagt: Gleich kommt die Grenze
und da müsst man was verzollen
doch ich hab nur diese Träume
und glaub nicht dass sie die wollen
Vielleicht kram ich aus Gewohnheit
kurz ein Lächeln aus der Tasche
einen angebissnen Apfel
oder eine Handvoll Asche

Jemand schiebt den Intercity
durch die Landschaft Richtung Norden
und ich hätte Lust und Laune
heut die Zukunft zu ermorden
Denn es wird nichts andres geben
als nur das woran ich denke
und das ist genauso nutzlos
wie verliehene Geschenke

So muss es gewesen sein

Sie lackiert sich die Nägel
beim Soundcheck der Tanzkapelle
und als sie den Ring ins Wasser wirft
tanzt er noch kurz auf einer Welle
wie ein Surfer vor Neuseeland
dann sinkt er wie ein Stein
und sie denkt an ein Lied von Elvis
doch der Titel fällt ihr nicht ein

So oder ähnlich muss es gewesen sein

Sie schreibt einen Brief nach Hause
doch weiß nicht wie man erklärt
dass man statt Hemden zu bügeln
den Äquator überquert
Ihre Mutter wird es vielleicht ahnen
ihrem Vater wird es gleichgültig sein
sie denkt an ihre Jugendliebe
doch ihr fällt der Name nicht ein

So oder ähnlich muss es gewesen sein

Montag Abend beim Lesezirkel
bleibt ihr Stuhl erstmals leer
und sie schrieb ihrer Freundin
lest „Der alte Mann und das Meer"
Hinter ihr liegt Europa
vor ihr steht ein Glas Wein
sie weiß sie sollte jetzt traurig sein
doch ein Grund fällt ihr nicht ein

So oder ähnlich muss es gewesen sein

Für Sophie, Hans und die anderen

In grausamen Zeiten nicht weg gesehen
den Verführungen stets widerstanden
und niemals kamen euch Mut und Verstand
und die Menschlichkeit je abhanden

Heut haben sie euch manches Denkmal gesetzt
die Gleichen die damals feig schwiegen
ihr habt euch der Gewalt entgegen gestellt
und niemand konnt euch verbiegen

Ihr seid geblieben als andere gingen
und nanntet das Unrecht Verbrechen
auch heute wär es so wichtig noch
für die Sprachlosen zu sprechen

Ihr würdet auch heute nicht buckeln und kuschen
ihr wärt immer noch unbequem
ihr würdet die Augen auch heute nicht schließen
und weiterhin aufrecht gehn

Ach Sophie, ach Hans wir bräuchten euch sehr
als Menschen und nicht als Legende
denn der braune Abschaum ist immer noch da
und es nimmt einfach kein Ende

Die Unbelehrbaren in diesem Land
werden mehr von Stunde zu Stunde
was täte die „Weiße Rose" heut Not
und die Wahrheit aus eurem Munde

Ihr wärt in dieser Zeit genauso wie damals
nicht zu beugen und nicht zu bestechen
vielleicht finden sich ja irgendwann andere
um in eurem Sinne zu sprechen

Spielzeugautos unnummeriert

Der Teppich ist länger als Panama
beim Schrank eine Kurve die ich zu spät sah
es wölbt sich der Boden – das Fahrzeug wird schneller
die Treppe hinab stürzt es in den Keller

wo mich keiner findet – auch Vater nicht
bin ich ganz leise und mache kein Licht
und wenn ich etwas höre red ich mir ein
es kommt von draußen und kann nicht gefährlich sein

Spielzeugautos unnummeriert
hab ich nach ihrem Klang sortiert
wirft man sie im Dunkeln gegen die Wand
zerbrechen sie nicht – sie halten stand

Der Boden ist kälter als Grönland
was ich im Sommer oft schön fand
wenn ich dort lag und mich nicht regte
während oben die Welt sich weiter bewegte

und mich keiner vermisste – auch Vater nicht
hielt ich mir die Hände dicht vors Gesicht
und wenn jemand rief hörte ich nicht hin
und tat so als ob ich verstorben bin

Spielzeugautos unnummeriert
hab ich nach ihrem Klang sortiert
wirft man sie im Dunkeln gegen die Wand
zerbrechen sie nicht – sie halten stand

Springen

Da stehst du nun und der Tag schließt sein blutendes Auge
in deiner Tasche klimpert das Kleingeld sich wach
du streitest um diesen Platz mit einer Taube
und der Himmel ist flach.....viel zu flach

Auf dem Asphalt der klebrige Glanz kalter Sterne
eine Pfütze aus Cola und Regen sprudelt empor
du spürst den Wind und in dir ist nur noch Ferne
und dein Blut pocht im Ohr

Und du fragst dich nur eins:
Wirst du es heut endlich bringen
Sieh nicht zurück – geh nach vorn
du musst springen
springen
......springen

Da stehst du nun und die Nacht lacht dir hämische Lieder
in deinem Magen bricht eine Pizza entzwei
und ganz leis sagst du es dir immer wieder :
Es ist gar nichts dabei.....nichts dabei

Auf dem Asphalt der einsame Rest toter Sterne
eine Pfütze aus Regen und Cola trocknet schon aus
du nimmst den Wind und vor dir ist nur noch Ferne
und der Schatten vom Haus

Und du denkst nur noch eins :
Endlich werd ich es bringen
seh nicht zurück – geh nach vorn
ich werd springen
springen
......springen

Kaspar lauf

Pfingstmontag 1828 auf dem Unschlittplatz In Nürnberg
fand man einen Knaben, etwa siebzehn Jahr
der kaum aufrecht gehen konnte
gehüllt in graue Kleider, mit wirrem Blick und langem Haar
Man brachte ihn zur Wache
jemand reichte Fleisch und Bier
doch er nahm nur Brot und Wasser
das verschlang er voller Gier

Er schrieb seinen Namen
„Kaspar Hauser" aufs Papier
doch der Rittmeister sprach zweifelnd:
„Er ist kaum Mensch, mehr Tier"
In den Turm des Vester Tors
sperrte man ihn ein
Kaspar du warst nie dafür bestimmt
ein freier Mensch zu sein

Lauf Kaspar lauf davon bevor sie dich kriegen
deine Unbedarftheit wird nie ihren Hass besiegen
auf das Unbekannte, Fremde – auf das was nicht ist wie sie
lauf Kaspar lauf, sie verstehn dich nie

Wärter Hiltel hat den Knaben gern gehabt
er schenkte ihm ein Spielzeugpferd aus Holz
so eines hatte Kaspar schon einmal besessen
in den Jahren im Kerker und er war darauf so stolz
Der Sohn von Wärter Hiltel freundete sich mit Kaspar an
Kaspar lernte gehen und sprach auch manches Wort
doch er wurde vorgeführt wie eine Kuriosität
bestaunt und verspottet von den Menschen im Ort

Und dann wurde Kaspar jahrelang herumgereicht
von Familie zu Familie und er fühlte sich verloren
ohne Wissen um seine Herkunft doch mit wachem Geist
ein Versuchsobjekt für all die Professoren
Es ging das Gerücht dass er von vornehmer Herkunft sei
während andere sagten er wär nur ein Bauer der alle betrügt
und im Oktober 1829 wurde erstmals
ein Anschlag auf Kaspars junges Leben verübt

Lauf Kaspar lauf davon bevor sie dich kriegen
deine Unbedarftheit wird nie ihren Hass besiegen
auf das Unbekannte, Fremde – auf das was nicht ist wie sie
lauf Kaspar lauf, sie verstehn dich nie

Am 14 Dezember 1833 im Hofgarten ins Ansbach
niemand hörte Kaspar schrein
ein Unbekannter stach mit scharfer Klinge
gnadenlos auf ihn ein
Drei Tage auf dem Totenbett
dann war der Kampf verloren
keiner von ihnen hat begriffen
was sie mit dir verloren
Kaspar, armer Kaspar

Und wenn es einen Gott gibt
der dir nie beistand in den schweren Zeiten
dann hoffe ich er lässt dich jetzt auf deinem Pferdchen
glücklich über Wolken reiten
Kaspar

Ein Beispiel für den Artenschutz

Wenn ich ganz cool bin bin ich dir zu männlich
wenn ich mal heule bin ich dir zu schwach
wenn ich dich will dann bist du immer müde
wenn ich mal schlafe dann machst du mich wach
Wenn ich was sage willst du es nicht hören
wenn ich mal schweige ist es dir nicht recht
wenn ich dir treu bin dann nennst du mich dämlich
wenn ich dir untreu bin nennst du mich schlecht

Wenn ich zuhause bleib bin ich ein Nichtsnutz
wenn ich nach draußen will ist's dir zu kalt
rasier ich mich dann seh ich dir zu jung aus
und mach ich's nicht dann bin ich dir zu alt
Lad ich mal Freunde ein wird es dir stressig
mach ich es nicht dann ist es dir zu öd
wenn ich mal kuscheln will magst du es härter
mag ich es hart dann ist dir das zu blöd

Les ich die "Bild" bin ich für dich ein Spießer
les ich die "taz" dann bin ich ein Rebell
sitz ich im Park dann bin ich dir zu träge
und wenn ich jogge bin ich dir zu schnell
Mach ich den Haushalt nennst du mich ein Weichei
mach ich ihn nicht nennst du mich faules Schwein
bin ich nicht da dann hast du nach mir Sehnsucht
und wenn ich komm dann wärst du gern allein

Ein Beispiel für den Artenschutz
war deine Art zu lieben nie

Die Freiheit des Zeichners

Mein Bleistift malt dir ein Haus ohne Türen
jetzt bist du gefangen und kannst nicht hinaus
und wenn du nicht aufhörst laut zu protestieren
dann zeichne ich auch noch eine Maus

Bei ihrem Anblick wirst du dich erschrecken
du wirst vor Angst hysterisch und krank
doch hast keinen Ort um dich zu verstecken
ich zeichnete dir weder Stühle noch Schrank

Wenn du lieb zu mir bist dann mal ich dir Nelken
und bist du ganz lieb mal ich uns ein Bett
doch wenn du dich sträubst lass ich die Nelken verwelken
und zeichne die Maus gleich doppelt so fett

Frühling

Ach schau mein Kind wie bunt der Frühling
und seine Hand streicht Dir durchs Haar
du gehst mit ihm doch er kann nie sein
was ich die Jahre für dich war

Mein Strauß ein Reigen sanfter Wünsche
möge dir blühen ewig Glück
mein Weinen heut - nimm du es lachend
die Zeit gibt nie etwas zurück

Der Ring mag sein dir ein Versprechen
doch ganz egal was du auch schwörst
vergiss es nie was ich dich lehrte :
Dass du allein dir selbst gehörst

(Für meine Tochter Melanie)

Sie hat ein so schweres Herz

Gestern stieg ne wilde Party drüben in Mickeys Loft
sie stand da so verloren als wenn sie auf ein Wunder hofft
Ich war nie wirklich gut darin diese Art von Eis zu brechen
doch sie sah auch nicht so aus als würde sie mit jedem sprechen
Die Zeit verging oder mir kam das Zeitgefühl abhanden
und keiner der sie ansprach konnte wirklich bei ihr landen
dann kam sie zu mir rüber und fragte: „Was ist dein Problem ?
Ich bin mein ganzes Leben lang nur das Girl von irgendwem"

Ich sagte: „Ich bin nicht mal das oder auch nur so ähnlich
man hält mich meist für schüchtern oder für dämlich"

Sie hat ein so schweres Herz in einem leichten Leben
und was sie auch immer tut, sie liegt meistens knapp daneben
Sie hat ein so schweres Herz, man sollte denken
sie wär sehr viel besser dran würde sie es nur verschenken

Irgendwann standen wir plötzlich vor der Wohnung auf der Treppe
hätte sie gesagt „Ich singe", hätte ich gesagt „Ich steppe"
doch sie meinte nur sie hätte jetzt ein anderes Problem
denn ihr Typ der wär inzwischen fort mit dem Girl von irgendwem
doch sie würde ja im Grunde auch gar nichts andres kennen
aber sie müsse irgendwann irgendwo ja auch mal pennen
und das sei vielleicht die Chance für einen Neubeginn
ich sagte dazu sofort „Ja" weil ich ja kein Arschloch bin

Ich sagte: „Mir ist alles recht oder wenigstens so ähnlich
ich bin zwar nicht mehr nüchtern,
doch ich bin garantiert nicht dämlich"

Sie hat ein so schweres Herz in einem leichten Leben
und was sie auch immer tut, sie liegt meistens knapp daneben
Sie hat ein so schweres Herz, man sollte denken
sie wär sehr viel besser dran würde sie es nur verschenken

Sie hat ein so schweres Herz, da kann man gar nichts machen
auch wenn sie so tut als würde sie darüber lachen

Sie hat ein so schweres Herz in einem leichten Leben
und was sie auch immer tut, sie liegt meistens knapp daneben
Sie hat ein so schweres Herz, man sollte denken
sie wär sehr viel besser dran würde sie es mir nur schenken

Interessant

Juliane findet meine Texte interessant
da liegt es doch wohl auf der Hand :
Ich finde Juliane interessant

So gibt dann ein das andere
und keiner gibt es zu
Sie fragt verlegen: Ich ?
Ich sag verlegen: Du

Andere zerreden zu leicht die Ästhetik
schieben es auf die Genetik
und manche auf das Wetter

Poesie eignet sich nie als Lebensretter

Juliane mag jetzt Boygroups
ich sehne mich nach Groupies
dafür stellt man uns sicher irgendwann vor Gericht
jeder bekommt was er verdient
Wie maßlos ist Verzicht ?

Manches hält
manches zerbricht
so interessant sind Juliane
und meine Texte nicht

Verjährt

Amtlich lugt der Bescheid aus dem Umschlag.
Schwarz auf weiß steht dort wie es ist.
Ein Siegelabdruck klebt in der Ecke.
Und als Belehrung: Zwei Wochen Frist.

Zwei Wochen Frist um mich zu beweisen.
Danach sind alle Fragen geklärt.
Ich fand den Brief leider erst heute.
Das bedeutet: Ich bin längst verjährt.

Feiglingsfrieden

Ein Mann kauft sich ne Zeitung
ne Frau krault ihren Hund
dann sehn sie in das Grau
und denken es sich bunt
Sie schauen zu den Nachbarn
und quatschen mit dem Tisch
die Welt scheint unbeweglich
und trotzdem dreht sie sich

Er würd gern einen Film sehn
und sie viel lieber Werbung
das ist kein Missverständnis
nur Vererbung

Und dann wird mal kurz gelacht
Feiglingsfrieden abgemacht
nicht gesprochen – nicht gedacht
jeden Tag und jede Nacht
Sie trinkt ihn sich wild
er träumt sie sich niedlich
schöner Feiglingsfrieden
herrlich still und friedlich

Ein Mann krault seine Zeitung
ne Frau kauft sich nen Hund
sie haben Langeweile
und dazu allen Grund
Sie quatschen mit den Nachbarn
sie schauen untern Tisch
doch dort sind nur die Hunde
Vorsicht – die lieben sich

Er würde gern ins Bett gehen
sie lieber in den Garten
man trifft sich in der Mitte
um zu warten

Und dann wird mal kurz gelacht
Feiglingsfrieden abgemacht
nicht gesprochen – nicht gedacht
jeden Tag und jede Nacht
Sie trinkt ihn sich wild
er träumt sie sich niedlich
schöner Feiglingsfrieden
herrlich still und friedlich

Ein Hund pisst auf die Zeitung
der andre auf den Tisch
der Mann schüttelt den Kopf
die Frau die wundert sich
Sie haben nicht mal Mut
für Wut oder Empörung
zucken nur mit den Schultern
und ignoriern die Störung

Der guten Worte Saat und Beet

Wenn meine Worte Blumen wären
ich könnte mich noch so sehr mühn
sie würden zaghaft nur gedeihen
und umso schneller dann verblühn

Du aber bist die starke Kraft
die meinen Gaben Boden schafft
das Gute von dem Schlechten scheidet
die nicht zerstört und die nicht neidet

Du bist der guten Worte Saat
der Höhenflug, der weise Rat
die Wahrheit und die Wichtigkeit
und süße Unverfrorenheit
Du bist der guten Worte Beet
der Geist der nicht an Krücken geht
die Zuversicht, die Phantasie
die Hoffnung und die Euphorie

Wenn meine Worte Unkraut wären
und ich zu stolz um es zu sehn
dann würdest du ohne zu zögern
ihnen die schmalen Hälse drehn

Du allein bist der starke Weg
in den ich mein Vertrauen leg
der Gutes von dem Schlechten trennt
der mich verändert und erkennt

Du bist der guten Worte Saat
der Höhenflug, der weise Rat
die Wahrheit und die Wichtigkeit
und süße Unverfrorenheit
Du bist der guten Worte Beet
der Geist der nicht an Krücken geht
die Zuversicht, die Phantasie
die Hoffnung und die Euphorie

Und ganz egal wie groß ich werde
du bleibst der guten Worte Erde

(Für Regine)

Fanprojekt

Herzlich willkommen zum Fanprojekt
Ihr alle wisst was dahinter steckt
die Waffen bitte am Eingang lassen
und den Feind mal gewaltfrei hassen

Dialog, Jungs! Ich sag nur: Dialog
wehrt Euch gegen den üblen Sog
sagt „Nein" zur Gewalt
macht Euch nicht kalt
Dialog! Ich sag nur: Dialog

Die Dresden Fans in die rechte Ecke
das hat durchaus seinen Zweck
und bei wem ich ein Messer entdecke
dem sage ich: Leg es weg

Dialog, Jungs! Dialog, Jungs!
Kommt macht mit, seid einfach dabei
Dialog, Jungs! Dialog, Jungs!
Ein Tritt ist frei
ein Tritt ist frei
Dialog, Jungs! Dialog, Jungs!
Dialog und ein Tritt ist frei

Mephistos Gebet

Ach Herr du nennst mich bös und schlecht
und für die Menschen ungesund
dies ist gewiss dein gutes Recht
doch wisse auch dass dieser Mund
gar schonungslos die Wahrheit spricht
und ich nichts für die Folgen kann
du predigst gerne den Verzicht
ich tu den Menschen das nicht an

So ist es selbstverständlich nur
dass wer nicht strebt nach Mittelmaß
sondern von besserer Natur
sich schnell besinnt auf Lust und Spaß
und deshalb mir leicht zugetan
den Dingen tief geht auf den Grund
und sich nicht hält an deinen Plan
und nichts vernimmt von deiner Kund

Du machst die Menschen gerne klein
vertröstest sie auf morgen
bei mir dürfen sie einfach sein
vorhanden statt verborgen
Brauch keinen Diener, keinen Knecht
hab auch nichts zu verkünden
ich sag den Menschen nur: Seid echt
und lebt mit euren Sünden

Das Paradies das wolln sie jetzt
nicht erst im nächsten Leben
das ist es was man an mir schätzt
Ich würd es ihnen geben
Deshalb bin ich auch so beliebt
hör bloß auf zu erzählen
dass es mein Angebot nur gibt
als Tausch für ihre Seelen

Ich bin ein Händler so wie du
wir beide konkurrieren
warum gibst du nicht einfach zu
auch du willst nur kassieren
Ich mach es einfach billiger
und auch viel mehr Reklame
das macht die Menschen williger
bin halt ein Markenname

Der Bundesgesundheitsminister warnt

Der Bundesgesundheitsminister warnt
auf Zigarettenschachteln,
dass der Genuss von Zigaretten
drastisch die Lebenserwartung verkürze.

Eben darum, lieber Gesundheitsminister,
eben genau darum.

Hinters Licht geführt

Du hast mich hinters Licht geführt –
genau da wollte ich hin

Eine sehr zersägte Dame

Er stand auf der Bühne
und sah tief in ihre Augen
da blieb ihr nichts weiter übrig
als an seine Kunst zu glauben
deshalb stieg sie in den Kasten
und es wurde applaudiert
niemals hätte sie gedacht
dass grade ihr so was passiert

Was im Fernsehen gut geht
klappt bestimmt auch live
dachte sie im Kasten
regungslos und steif
Heute ist sie schlauer
denn solch Zeitvertreib
trennt den Oberkörper
oft vom Unterleib

Eine sehr zersägte Dame
die dem Magier nie vergisst
dass sie nicht mehr weiß
was ihre bessre Hälfte ist
fühlt sich so zerteilt
und irgendwie entzwei
Scheiß – Zauberei

Heute weiß sie sicher
dass auch ein Sprichwort lügt
weil sich letztlich doch nicht
alles zusammenfügt

Junge Christen aus aller Welt

Neulich im Olympiastadion
ganz schön viele Leute
und ich fragte mich verwundert :
Spielt denn Hertha heute ?
Doch es waren keine Hooligans
die dort die Fahnen hissten
nein, nein, nein
es waren junge Christen

Junge Christen aus der ganzen Welt
zu Gast in unsrer Stadt
schön dass es so was
mal gegeben hat
Die zerkloppen auch nicht
wie die Stones das Mobiliar
sie benehmen sich gesittet
ist doch klar

Ich bin dageblieben
fand das auch sehr schön
lieber junge Christen
als Phil Collins sehn
Ginge es nach mir
dann kommt ruhig wieder
ich find euch sehr nett
und mag eure Lieder

Junge Christen aus der ganzen Welt
ob reich oder bankrott
kamen zueinander
und sie lobten Gott
Ich find das sympathisch
und auf alle Fälle
mag ich Jesus lieber
als Guido Westerwelle

Die Welt ist im Arsch

Die Welt ist im Arsch – sagte Karl –
und schien es auch so zu meinen
doch zum Glück für die Welt
Gott sei Dank nicht in seinem

Synonym

Körperertüchtigung für Fette
ist nicht das gleiche wie
Breitensport

Der Geruch von Marlon Brando

Die Musicbox spinnt
in Rickys Café
sie kratzt wie mein Hals
und der schmierige Schnee
schmiegt sich beinah schüchtern
an dreckige Scheiben
und ich weiß nicht recht
was soll ich dir heut schreiben

Dass ich pleite bin
und der Wagen nicht läuft
dass der Mann neben mir
seinen Kummer ersäuft
dass die Fritten nicht schmecken
und ich immer denk
jeder Blick der vorbeigeht
ist wie ein Geschenk

Ich glaub es gibt nichts mehr
was mich noch erreicht
der Geruch von Marlon Brando vielleicht
und die Platte mit Sprung
die sich unendlich dreht
„Love me please love me"
doch ich fühl mich zu spät

Die Kellnerin guckt
wie ein Hähnchen im Grill
und gleich wird sie mich fragen
ob ich noch was will
dann könnt ich ihr verraten
ich hab nie gemocht
wenn eine Fremde
Kaffee für mich kocht

Ich wart auf den Zug
und eine Zigarette
und schreib dir einen Brief
auf der rosa Serviette
Du wirst ihn nie lesen
und nie etwas wissen
von meinem Gefühl
dich heut Nacht zu vermissen

Doch sonst gibt es nichts mehr
was mich noch erreicht
der Geruch von Marlon Brando vielleicht
und die Platte mit Sprung
die sich unendlich dreht
„Love me please love me"
doch ich fühl mich zu spät

Kein Denken ohne Tat

Was willst du tun wo nun auf Erden
die Schatten für dich länger werden
wo keine Ausrede mehr nützt
dich nichts mehr vor der Wahrheit schützt

Jetzt wo dich der Gedanke treibt
wie wenig Zeit dir doch verbleibt
wo dieser Feind tief in dir drin
aufs Totenlager zieht dich hin

Und stellst du dich ihm auch entgegen
so ändert das nichts an der Frist
die Angst kommt immer ungelegen
aber sie zeigt dir wer du bist

Pfeif auf den Rest der Welt
du brauchst doch keinen guten Rat
du kannst nun sein was dir gefällt
jedoch: Kein Denken ohne Tat

Willst du dass sich die Tage gleichen
oder manch Höhe noch erreichen
steht dir der Sinn nach Weib und Wein
so lass es zu, so lass es sein

Jetzt wo dich der Gedanke frisst
dass dich die Welt schon bald vergisst
und dass der Feind der in dir brennt
vielleicht schon Ort und Stunde kennt

Und stellst du dich ihm auch entgegen
so ändert das nichts an der Frist
die Angst kommt immer ungelegen
aber sie zeigt dir wer du bist

Pfeif auf den Rest der Welt
du brauchst doch keinen guten Rat
du kannst nun sein was dir gefällt
jedoch: Kein Denken ohne Tat

Greif zu was immer sich dir bietet
mach eine Tugend aus der Not
so soll man sich an dich erinnern
lebendig noch bis in den Tod

Maßlos

Manchmal wenn der Kopf mir schwer ist
und mein Schaffen äußerst schlecht
frag ich mich ob da nicht mehr ist
bin ich doch nur selbstgerecht

Leg den Finger in die Wunden
so tief ich nur eben kann
doch die eignen – schnell gefunden –
die verschweig ich dann und wann

Maßlos muss ein Dichter bleiben
und ich bin es hier und jetzt
andere würden wohl schreiben:
Maßlos überschätzt

Im Autokino mit deinen drei Schwestern

Ich war im Autokino mit deinen drei Schwestern
sie saßen hinten und vorn lief ein Western
sie aßen Popcorn, ich zahlte den Eintritt
und brachte auch noch zwei Flaschen Wein mit

Ich musste mich ducken von wegen der Sicht
und ihr olles Popcorn teilten sie nicht
das war ein Abend den ich nicht genoss
selbst als Clint Eastwood die Bösen erschoss

Draußen war Sommer und drinnen war's warm
aber keine der drei nahm mich mal in den Arm
sie erzählten sich leise manch dreckigen Witz
und krümelten Popcorn unter den Sitz

Ich war im Autokino mit deinen drei Schwestern
hörte sie zwei Stunden tuscheln und lästern
sie waren albern und ich deprimiert
dieser Abend, mein Freund, hat sich nicht rentiert

Ich werf dir meine Sprache nach

Ich werf dir meine Sprache nach
hoffe dass sie dich findet
und alle Klippen die es gibt
ganz einfach überwindet

Ich werf dir meine Sprache nach
hoffe dass sie dich findet
und dass du sie vielleicht verstehst
und sie dich an mich bindet

Ich werf dir meine Sprache nach
das macht sonst sicher keiner
und wenn du glaubst sie tut dir gut
dann mach sie doch zu deiner

Ich werf dir meine Sprache nach
hoffe dass sie dich findet
und auf dem langen Weg zu dir
nicht ungehört verschwindet

Ich werf dir meine Sprache nach
sie macht den Abstand kleiner
und wenn du meinst dass sie dir hilft
dann mach sie doch zu deiner

Ich tu es doch auch für dich

Mama ich muss los
draußen steht der LKW
zupf mir nicht am Kragen
das tut richtig weh
Ja, ich hab ganz sicher
warme Socken eingepackt
auch den Zahnputzbecher
nein, ich dusch nicht nackt

Siehst du dort den Großen
das ist mein General
der weiß was da los ist
der war da schon mal
Kein Grund sich zu fürchten
er gibt auf mich acht
er weißt wie man schießt
und wie man Betten macht

Ich tu es doch auch für dich
unser aller Freiheit verteidigen
und zu fragen warum grade wir
würde alle beleidigen

Ich tu es doch auch für dich
es hat bestimmt Sinn und Zweck
denn wenn dem nicht so wäre
müssten wir doch nicht weg

Mama, du kannst mir glauben
der Einsatz ist humanitärer Natur
und die Handgranaten
sind zur Sicherheit nur
Wir müssen bestimmt nicht schießen
doch wenn wär es kein Problem
irgendjemand wird uns schon sagen
wann und auf wen

Siehst du dort den Großen
das ist mein General
er sagt wir wären jetzt Männer
und der Feind könne uns mal
Die haben doch nicht einmal Laser
die schießen da drüben mit Schrot
was soll mir da schon passieren
Mama, ich lache mich tot

Ich tu es doch auch für dich
wir verstehn was von diesen Sachen
dafür wurden wir doch trainiert
irgendjemand muss es schließlich machen

Ich tu es doch auch für dich
sie sagen ich sei ein Held
ich tu es doch auch für dich
für Deutschland und die freie Welt

Unkomplizierte Beziehung

Er tut was sie sagt
sie tut was sie will
sie gibt den Ton an
er gehorcht still

Living in a box

Wecken um acht
und vor dem Fenster ein Strand
es wird viel gelacht
das hab ich so nie gekannt
die Spritzen tun gut
die Schwestern sind nett
sie machen mir Mut
und mein Bett

Grüß Cora von mir
und wie hieß gleich das Kind ?
Ich bin gerne hier
manchmal hör ich den Wind
dann denk ich an Bremen
und unser Zuhaus
ob sie sich noch schämen
ich weiß ich komm hier nie raus

Ans Lenkrad gefesselter Mann

Ich hielt das Steuer und sie hielt die Karte
seit jeher war es so abgemacht
- auch in dieser Nacht

Wir wollten nach Hamburg
jetzt sind wir in München
ich schimpfe bestimmt nicht
sie darf sich was wünschen

und nun sieh mich an:
Ein ans Lenkrad gefesselter Mann

Ein Dichter

Ein Dichter ist einer
der mit Worten jongliert
an ihnen feilt
und jede Stellung probiert
bis sie dann letztendlich
irgendwann passen
und ihn dafür lieben
- oder hassen

David keins – Mandy eins

An der Hamburger-Bude
am Samstag um drei
auf dem Weg zum Stadion
sah er an ihr vorbei
Sie stand da wie damals
und kaute Pommes Frites
doch ihm fiel nicht mehr ein
als ein dämlicher Witz

Was sie hatten war kurz
was sie hatten war flüchtig
der Ball rollt ins Tor
und der Jubel macht süchtig

David keins – Mandy eins
eine Chance verschenkt
doch wer fragt schon danach
es kommt nie wie man denkt
David keins – Mandy eins
vielleicht muss es so sein
doch sie schreien noch immer
für den gleichen Verein

Es ging gegen den Abstieg
der Schiri war blind
als sie zu ihm sagte:
Wir kriegen ein Kind
Doch er sagte: Nein
das Spiel ging verloren
dritte Liga seitdem
und das Kind nicht geboren

Was sie hatten war kurz
was sie hatten war flüchtig
der Ball rollt ins Tor
und der Jubel macht süchtig

David keins – Mandy eins
eine Chance verschenkt
doch wer fragt schon danach
es kommt nie wie man denkt
David keins – Mandy eins
vielleicht muss es so sein
doch sie schreien noch immer
für den gleichen Verein

Meine Geliebte

Meine Geliebte
ich trage dich fort
wie eine schlafende Katze
wie ein kostbares Wort
wie ein Rosenblatt
wie ein wärmendes Licht
ich trag dich bei mir
und verliere dich nicht

Meine Geliebte
ich nehme dich mit
jeden endlosen Weg
jeden winzigen Schritt
auf den Straßen aus Gold
auf den Wegen aus Stein
ich halte dich fest
und lass dich nie allein

Meine Geliebte
ich geb auf dich acht
jeden mühsamen Tag
jede frostige Nacht
im zärtlichsten Glück
im heftigsten Streit
liebe ich dich
jetzt und für alle Zeit

Der Affe

Im Käfig aus Stahl
ein gebrochener Wille
der Rechner summt leise
ansonsten nur Stille
Und Licht bohrt sich tief
in die müden Pupillen
der Arm geht zum Mund
der Mund schluckt die Pillen

Und während er spielt
mit den teuren Geräten
würde ich gerne wissen
ob Affen wohl beten

Wir haben nur den einen Planeten
doch Gäste wie wir sind nirgends erbeten
wir kamen mit List
und tödlichen Waffen
in diesen Käfig
gehören wir – nicht die Affen

Ein Stückchen Metall
gleitet ins Ohr
und sendet die Daten
sofort ins Labor
Und dann brennt der Laser
so schmerzhaft und grell
ein paar kleine Löcher
ins flauschige Fell

Und während er stirbt
in all diesen Drähten
denk ich es lohnt nicht
für Menschen zu beten

Wir haben nur den einen Planeten
doch Gäste wie wir sind nirgends erbeten
wir kamen mit List
und tödlichen Waffen
in diesen Käfig
gehören wir – nicht die Affen

Spätere Scheidung nicht ausgeschlossen

Ein Sinatra-Imitator auf dem Weg nach Kiel und zu sich selbst
und eine Dame die ein Mann zu lang im Regen stehen ließ
auf einer Autobahn-Raststätte in Schleswig-Holstein
sie trank Kaffee, er trank Cola und sie fühlten sich gemeinsam mies

Er wusste dass er's nicht mehr zur Gala schaffen würde
dabei hatte er die Gage schon im Voraus einkassiert
sie hatte einen Wadenkrampf vom langen Stehen am Straßenrand
und ihr Make-up war wie Kriegsbemalung aber absolut verschmiert

Sie waren die einzigen Gäste und kamen ins Gespräch
draußen hat's noch immer wie aus Kübeln gegossen
er sagte: Lass uns heiraten und ein Wohnmobil kaufen
spätere Scheidung nicht ausgeschlossen

Sie fand diese Idee sogar noch witziger als ihn
überhaupt was soll man sonst an so einem blöden Tag auch machen
er sah recht gut aus, zwar nicht wie Sinatra sondern wie Götz George
hatte gute Tischmanieren und er brachte sie zum lachen

Gestern noch hätte sie wohl erst bei ihrer Mutter nachgefragt
aber sie war jetzt in dieser Stimmung: No risk – no fun
und während er Ringe bastelte aus Coladosen-Verschlüssen
sagte sie: Okay ich nehm dich gern zum Mann

Die Bedienung gratulierte mit einem Gratis-Tortenstückchen
und dann haben sie's mit Apfelsaft und Blütentee begossen
inzwischen war der Regen auch weniger geworden
späterer Sonnenschein nicht ausgeschlossen

Lola 15

Sie suchen mit Hunden
schon seit Tagen im Wald
ohne Resultate
die Spur ist längst kalt
Keiner hat sie gesehen
an jeder Wand hängt ihr Bild
und die Nachbarn tuscheln :
Sie war schlecht und wild

Sensationsgeile Gaffer
wohin man auch blickt
stündlich werden neue
Gerüchte vertickt
denn sie passt nur zu gut
in das schmale Ressort
zwischen Drama-Queen
und Schulmädchen-Report

Ihr Haus wird belagert
ein Kamera-Meer
ihre Mutter weint telegen:
Kind, wir vermissen dich sehr
Man redet von Gott
und all dem Übel der Welt
doch die richtige Frage
wird von keinem gestellt

Und im Nachhinein hatte
es dann keiner gewusst
die Schuld bleibt so flüchtig
wie ein Stich in der Brust
beim gemeinsamen Beten
bleibt der Himmel stumm
und die Presse bringt sie
ein zweites Mal um

Unterbodenschutz

Blasser Mann im schwarzen Wagen
die Musik kaum zu ertragen
die Antenne rollt sich ein
und lässt ihn im Nichts allein

Die Düsen sprühn
das Wachs tropft flach
von irgendwo
aufs Autodach

Kein Wasserspiel
kein Frühlingsputz
er braucht nur Unterbodenschutz
kein Farbentraum
kein Sonntagsschmutz
sondern nur Unterbodenschutz

Ein Band rollt los
das Auto auch
und Wasser schießt
quer aus dem Schlauch
Es trommelt laut
ein nasser Schwall
verdeckt den Blick
nach überall

Der Mann lacht laut
und sieht nicht hin
er fühlt sich feucht
so mittendrin

Kein Wasserspiel
kein Frühlingsputz
er braucht nur Unterbodenschutz
kein Farbentraum
kein Sonntagsschmutz
sondern nur Unterbodenschutz

Waschparadies
verwunschener Ort
wasch mich nicht weg
spül mich nur fort

Ford Mustang

Er fährt einen Ford Mustang
und hofft dass du denkst
wer so ein Teil hat
ist sicher ein Hengst

Doch nach einer Nacht
unter seinem Bauch
sagst du dem Schwabbel:
Eine Ente täte es auch

Wer ich bin

Wer ich bin das brauchst du nicht zu wissen
was ich will ist eher von Belang
du weißt dass wir alle sterben müssen
ich mach mir die Zeit nicht gerne lang

Nichts ist hier im Überfluss vorhanden
nur zwei Körper und die lange Nacht
sei ganz einfach froh dass wir uns trafen
denn was hätten wir jetzt sonst gemacht

Wer ich bin das brauchst du nicht zu wissen
was du brauchst weiß ich nur zu genau
ich drück dich hinunter in dein Kissen
wir sind weiter nichts als Mann und Frau

Mit einer Flasche am Ufer im Mai

Krank quält sich der Rauch zum Himmel
schwarzer Husten der Fabrik
kräuselt sich und stürzt ins Nasse
bleiern schmeckt des Fortschritts Sieg

Enten drehen Eiterhälse
kollidiern mit totem Fisch
Pseudo-Krupp verfolgt die Kinder
Danke - ich verpisse mich

Geigerzähler tanzen Techno
Kühe mampfen Leuchtegras
und die Radioaktivisten
wünschen blechern Seuchenspaß

Mit einer Flasche am Ufer im Mai
wink ich das Leben vorbei
trinke mich müde und heule mich blind
mit den sterbenden Schwänen im Wind

Frösche blähen Pockenbäuche
in der warmen Morgenglut
knallen, platzen und verspritzen
Sumpfgas, Methanol und Blut

Unbehelligt schrumpft das Leben
ätzend fließt der braune Schleim
die Natur wird unnatürlich
geht den Menschen auf den Leim

Mit einer Flasche am Ufer im Mai
wink ich das Leben vorbei
trinke mich müde und heule mich blind
mit den sterbenden Schwänen im Wind

Schwere Höhe

Wir flogen zusammen
und stürzten dann ab
du warst mir oft Leuchtturm
und manchmal auch Grab
Ich hab nichts vergessen
und auch nichts kapiert
es war nie geplant
es ist halt passiert

Und wenn mich jemand fragt
was ich heut in dir sehe
fällt mir nichts besseres ein
als: Schwere Höhe

Wir flogen zusammen
und stürzten dann ab
auf der Suche nach Grenzen
die es niemals gab
Zwischen Himmel und Hölle
zwischen Trauer und Glück
liegt in manchen Momenten
nur ein winziges Stück

Und wenn mich jemand fragt
was ich heut in dir sehe
fällt mir nichts bessres ein
als : Schwere Höhe

Und wenn du mich jetzt fragst
wie ich dich heut verstehe
dann bleibe ich dabei :
Als Schwere Höhe

Eine Art von Ohnmacht (Über G.)

Der Mann in der Talk-Show: Beliebt und bewundert.
Und grade im Osten: Ein richtiger Held.
Selbst ich gebe zu dass die Wahl seiner Worte
mir dann und wann ausgesprochen gefällt.

Ein Mann mit Visionen. Ein Mann auch mit Weitblick.
Wie klar er die Dinge beim Namen doch nennt.
Doch unter der Schminke liegt noch eine Wahrheit.
Ihm ist es nicht recht wenn man sie erkennt.

Der Wolf trägt jetzt Schafspelz. Wen kümmert das Gestern?
So einfach mein Lieber entkommst du mir nicht.
Die Justiz bleibt blind – was für ein Segen.
Doch die Geschichte stellt dich vor Gericht.

Auswärtsspiel

Ein Meer von stolzen Müttern
winkt als die Helden ziehn
was könnt es bessres geben:
Der Sohn ist mit im Team
Er stürmt in erster Reihe
er ist für Punkte gut
das Sternenbanner weht im Wind
und riecht nach frischem Blut

Der Trainer gibt die Taktik aus:
Verluste sind egal
Männer schießt was das Zeug hergibt
Jawohl Herr General

Wir haben heut ein Auswärtsspiel
denkt an die Fans – die sind ganz toll
der Sieg allein ist unser Ziel
der Gegner hat die Hosen voll
Wir haben heut ein Auswärtsspiel
aber das macht uns gar nichts aus
wir zögern nicht – wir bomben viel
nehmen den Lorbeer mit nach Haus

Ein Meer von stolzen Vätern
feiert voll Euphorie
die Treffer ihrer Mannschaft
live auf NBC
Doch plötzlich nackte Panik
sie blicken durch den Rauch
da geht etwas nicht fair zu:
Der Gegner feuert auch

Statt Lorbeer gab es Zink
doch keiner hat´s begriffen
der Trainer sprach in Arlington:
Der Schiri hat´s verpfiffen
Und tausend Kehlen brüll´n sodann :
Nun muss die zweite Mannschaft ran

Wir haben heut ein Auswärtsspiel
denkt an die Fans – die sind ganz toll
der Sieg allein ist unser Ziel
der Gegner hat die Hosen voll
Wir haben heut ein Auswärtsspiel
aber das macht uns gar nichts aus
wir zögern nicht – wir bomben viel
nehmen den Lorbeer mit nach Haus

Mehr als einen Grund

Musstest dich von mir entfernen
gab dir mehr als einen Grund
und jetzt heul ich zu den Sternen
wie ein ausgesetzter Hund

Tröste mich bei Nacht, am Tage
recht verwegen in Lokalen
wo ich Fremden alles sage
um im Mitleid mich zu aalen

Ja, ich saufe mir die Nacht blond
und die Erde wieder rund
und es gibt für mein Verhalten
mehr als einen guten Grund

Musstest dich von mir befreien
unser Glück war ungesund
und es gibt nichts zu verzeihen
denkt dein Herz und sagt mein Mund

Tröste mich bei Nacht, am Tage
mit sehr zweifelhaften Frauen
wenn ich nach dem Namen frage
schafft das Nähe und Vertrauen

Ja, ich saufe mir die Nacht blond
und die Erde wieder schön
es gibt mehr als einen Grund
an dir nicht zugrunde zu gehn

Verwildert

Trag mich nicht mehr in deinen Gedanken
ich bin es nicht wert – du liebst dich kaputt
ich kann dir die Zeit deiner Treue nicht danken
alles zerfällt – es bleibt nur der Schutt
Klammer dich nicht an Erinnerungsfetzen
richte dich auf und komm von mir los
ich würde dich nur immer wieder verletzen
stell dich vor mir niemals mehr selber bloß

Denn ich bin verwildert – im Herz, in der Seele
ich hab keinen Anstand – kenne keine Moral
ich hab es satt dass ich dich so sehr quäle
warum triffst du nicht eine bessere Wahl

Versuch mich nicht mehr in dein Weltbild zu rücken
mir war dieser Rahmen von jeher zu klein
warum nur baust du mir immer noch Brücken
gesteh dir die Nutzlosigkeit endlich ein
Verweiger dich nicht meinem letzten Geständnis
ich will von dir keine Absolution
geh einfach dahin – akzeptier mein Bekenntnis
und erwarte von mir keinen besseren Lohn

Denn ich bin verwildert – im Herz, in der Seele
ich hab keinen Anstand – kenne keine Moral
ich hab es satt dass ich dich so sehr quäle
warum triffst du nicht eine andere Wahl

Mandys Mond

Mandy sagt: Ich hab dich gerne
und was kann uns schon geschehn
ich hab Sehnsucht nach der Ferne
willst du heut nicht mit mir gehn

Ein verrücktes Kind und trotzdem
greifst du zögernd ihre Hand
folgst ihr auf geheimen Wegen
in ihr kleines Wunderland

Frag nicht ob die Reise lohnt
und ob dort die Liebe wohnt
es ist gut und es ist richtig
heute Nacht auf Mandys Mond

Mandy sagt: Du kannst mich küssen
wenn dir grade danach ist
und ich muss deshalb nicht wissen
was du denkst und wer du bist

Ein verrücktes Kind und trotzdem
streckst du dich nach ihrem Mund
und sie küsst dich in das Weltall
dort sind alle Träume bunt

Frag nicht ob die Reise lohnt
und ob dort die Liebe wohnt
es ist gut und es ist richtig
heute Nacht auf Mandys Mond

Alles bleibt im Rahmen

Fünfunddreißig Jahre lang der letzte Arsch gewesen
andre staubten alles ab und er blieb außen vor
er wollte seinen Namen auch mal in der Zeitung lesen
doch für seine Wünsche fand sich nie ein offenes Ohr

Störche finden immer ihren Weg, bei jedem Wetter
jeder Mensch braucht eine Hand, die tröstet, wärmt und hält
Alkohol taugt auch nicht alle Zeit als Lebensretter
und er ahnte wie es ist wenn man abrupt ins Koma fällt

Wenn man alles hört, doch selbst nicht spricht
bekommt das eigne Leben ein anderes Gewicht

Alles bleibt im Rahmen
jedes Ding hat seinen Namen
doch worüber niemand schreibt
ist wo der Rahmen bleibt

Fünfunddreißig Kugeln für die Polizeiberichte
und sein Name endlich fett auf jedem Titelblatt
morgen kennt die halbe Welt seine Geschichte
gestern fand er nur im verborgenen statt

Elefanten ahnen ihren Tod voraus und gehen
und sie wissen ganz genau wohin die letzte Reise führt
er hat stets gewusst dass andere ihn nicht verstehen
und dass ihn im Inneren schon lang nichts mehr berührt

Wenn man alles hört, doch selbst nicht spricht
bekommt das eigne Leben ein anderes Gewicht

Alles bleibt im Rahmen
jedes Ding hat seinen Namen
doch worüber niemand schreibt
ist wo der Rahmen bleibt

Traurige Gedanken

Traurige Gedanken lungern durch die Straßen
suchen einen Nachtclub oder ein Klavier
hatten mal ein Ziel, das sie jedoch vergaßen
und so klopfen sie einfach an meine Tür

Sie verlangen einen Drink
und auch noch was zu Rauchen
ich flüster verlegen:
„Ich kann euch nicht brauchen"
doch das kümmert sie nicht wirklich
denn sie wissen nicht wohin
und nerven mich so lange
bis ich traurig bin

Traurige Gedanken
nimm dich bloß in Acht
wenn sie dich belästigen
grade in der Nacht
Sie sind sogar der Meinung
du müsstest dich bedanken
für ihre Gegenwart
traurige Gedanken

Traurige Gedanken sitzen auf der Parkbank
lesen Schnulzen und mampfen Mon Cherie
sie sehen so aus als wären sie stark krank
oder litten an Melancholie

Sie fallen müd auf's Sofa
oder gleich ins Bett
ich flüster verärgert:
„Ihr seid gar nicht nett"
doch das schert sie nicht ein bisschen
übles Lumpenpack
aus lauter Langeweile
gehen sie mir auf den Sack

Traurige Gedanken
nimm dich bloß in Acht
wenn sie dich belästigen
grade in der Nacht
Sie sind sogar der Meinung
du müsstest dich bedanken
für ihre Gegenwart
traurige Gedanken

Belichtung

Ich habe von dir ein Foto gemacht
jedoch mit falscher Belichtung
da hat mir die Inspiration gelacht
und ich schuf die hiesige Dichtung

Doch weil ich bei Dichtung an Autos denk
oder manchmal an Abflussrohre
scheinen die Verse mir ungelenk
brüchig wie eine antike Amphore

Wenn ich ein Maler wenigstens wär
dann blieben mir Aquarelle
doch so meine Liebe bedaure ich sehr
Wenig Kunst trotz herrlicher Quelle

Ich habe von dir ein Foto gemacht
doch ich werde es nicht behalten
denn dein Wesen ist wohl dazu gedacht
sich frei von mir zu entfalten

Jesus war ein Rockstar

Jesus war ein Rockstar
hatte ein besondres Flair
er begeisterte die Massen
Open Air

Und Maria Magdalena
hatte einen Backstage-Pass
denn sie war sein Lieblingsgroupie
alle Leute wussten das

Er war wie John Lennon
aber Judas war wie Paul
wer die beiden näher kannte
wusste da ist etwas faul

Und als es dann zum Split kam
weinten seine Fans gar sehr
Petrus sagte: „Ohne Jesus
gibt es kein Revival mehr"

Vielleicht ist er aus diesem Grund
am dritten Tage auferstanden
so wie Simon and Garfunkel
wieder zueinander fanden

Doch die Jünger waren fort
und in ihm war nur noch Leere
darum pfiff er auf das Business
und die Solo-Karriere

Im Grunde seines Herzens
wollt er nie ein Rockstar sein
jetzt lebt er ganz abgeschieden
und macht sich aus Wasser Wein

Wir haben bessere Tage gesehn

Überall Baustellen
überall Stau
der Himmel zu niedrig
und obendrein grau
Die Steuern zu hoch
die Stimmung zu tief
und alles dazwischen
läuft auch immer schief

Man quält sich, man fehlt sich
man kommt und man geht
und sucht einen Standpunkt
auf dem man längst steht

Wir können es wenden, wir können es drehn
wir haben bessere Tage gesehn

Überall Kriege
überall Streit
wir leben in einer
gefährlichen Zeit
Die Angst zu groß
die Hoffnung zu klein
und uns fällt dazwischen
auch nichts mehr ein

Man fragt sich und wagt sich
auf zu dünnes Eis
und entdeckt nichts andres
als das was man weiß

Wir können es wenden, wir können es drehn
wir haben bessere Tage gesehn

Wir können es wenden, wir können es drehn
wir haben bessere Tage gesehn

Fraglos fragwürdig

Du gingst grußlos
ich bin ratlos
völlig mutlos
fühl mich schuldlos

Du warst herzlos
ich war machtlos
völlig kopflos
ging's nicht schmerzlos

Das war wertlos
und so nutzlos
du bist haltlos
ich bin schutzlos

Ich bin dich los
sonst war nichts los
ich find das bloß
völlig witzlos

Loch im Bauch der Zeit

Mitten auf der Fahrbahn
ein umgestürzter Baum
mein Blick schiebt ihn zur Seite
er passt nicht in den Traum
Du bist schon ausgestiegen
dein Kleid liegt auf dem Sitz
doch meine Hand fährt trotzdem
ganz zärtlich in den Schlitz

Der Mond ist rot - der Tank ist leer
vor uns zerfließt das Wolkenmeer

Ein Loch im Bauch der Zeit
dahinter nichts als Ferne
und Wellen auf dem Schutzblech
im Außenspiegel Sterne
Ein Loch im Bauch der Zeit
die Dämmerfarben weichen
dem Horizont der Nacht
wenn wir den Strand erreichen

Du gehst barfuss über Muscheln
an einer unbekannten Küste
und das Fernlicht streichelt flüchtig
deine unverhüllten Brüste
Der Geruch von Wind und Algen
schafft uns eine Art von Nähe
in der ich die Welt von oben
und dein Lachen in mir sehe

Der Mond ist rot - der Tank ist leer
vor uns zerfließt das Wolkenmeer

Ein Loch im Bauch der Zeit
dahinter nichts als Ferne
und Wellen auf dem Schutzblech
im Außenspiegel Sterne
Ein Loch im Bauch der Zeit
die Dämmerfarben weichen
dem Horizont der Nacht
wenn wir den Strand erreichen

Papa

Sie kommt morgens an den Frühstückstisch
sieht gleich ein Teller fehlt
und versteht kein Wort von dem
was Mama ihr erzählt
Dass es schwierig sei
und doch keine Tränen lohnt
dass das Leben weiter geht
egal wo Papa wohnt

Und ihr kleiner Himmel stürzt ganz plötzlich ein:
Warum darf mein Papa nicht mehr mein Papa sein?

Mama sagt niemand sei schuld
so was geschehe oft
und es bringe nichts
wenn sie jetzt weint und hofft
Mit der Zeit werde es besser
Mama liebt sie umso mehr
doch sie will zu ihrem Papa
und sagt: Bring ihn wieder her

Und ihr kleiner Himmel stürzt so grausam ein:
Warum darf mein Papa nicht mehr mein Papa sein ?

Oma kommt jetzt oft vorbei
schenkt ihr ein Kuscheltier
doch sie wünscht sich nur
ihr Papa wäre hier
Hat sein Foto umterm Kissen
und sie weint oft abends sehr
Mama schweigt bei ihrer Frage
Liebt denn Papa mich nicht mehr

Und ihr kleiner Himmel stürzt beständig ein:
Warum darf mein Papa nicht mehr mein Papa sein?

Mittags nach der Schule
beim Nachhause gehn
sieht sie ihren Papa
an der Ecke stehn

Und er weint und zittert
während er sie hält
und ihr sagt: Ich lieb dich
mehr als alles auf der Welt

Später sagt sie ihrer Mama: Rede mir nichts ein
mein Papa wird immer mein Papa für mich sein

Du kannst sagen

Du kannst sagen
was immer du willst
wann du willst
und soviel du willst

Klar
ich höre dir zu
aber je mehr du sagst
umso weniger
kann ich behalten

also sei lieber
still

Wonach ich mich wirklich sehne

Herr Doktor, schön das Sie Zeit für mich haben
meine Seele mal wieder umzugraben
Sie finden dort mit Sicherheit
manche Bedenklichkeit

Ganz ehrlich, ich bin nicht gefährlich
ich halt nur die Realität für entbehrlich

Glauben Sie ich fass Jeanette Biedermann
auch nur im Traum am Mieder an
nein, wonach ich mich wirklich sehne
sind Halluzinogene

Herr Doktor, ich frag mich was Sie da schreiben
es wär schön es könnte unter uns bleiben
Sie wissen doch so gut Bescheid
über meine Befindlichkeit

Ganz ehrlich, ich bin nicht gefährlich
ich halt nur die Realität für entbehrlich

Glauben Sie ich fass Jeanette Biedermann
auch nur im Traum am Mieder an
nein, wonach ich mich wirklich sehne
sind Halluzinogene

Herr Doktor, Sie haben den Schlüssel zum Glück
ich will nicht mehr ins echte Leben zurück
jagen Sie mir doch was in die Vene
ich brauch Halluzinogene

Buschmann

Im Traum sah ich den Buschmann
pfeilschnell und ganz allein
lief er durch grünes Sumpfland
und über kahlen Stein
War nackt und voller Lehm
die Augen schnitten tief
das Nebelband entzwei
dort wo ich lag und schlief

Und seine starke Hand
auf meine Stirn gepresst
hielt meine Welt zusammen
hielt sicher mich und fest
Er sprach mit seinen Blicken
vom Aufstieg und vom Fall
vom Schicksal meiner Rasse
und von dem Licht im All

Er warf den Bumerang
und teilte Meer und Land
danach war alles leer
wo er noch eben stand
Und ich griff wie im Fieber
vom Donner beinah taub
nach Sternen die erloschen
im kargen Wüstenstaub

Und dann war ich der Buschmann
pfeilschnell und ganz allein
lief ich durch grünes Sumpfland
und über kahlen Stein

Hier haben die Jahre stattgefunden

Ein Model gegenüber im Supermarkt
sieht ihr Foto in der „Bunten" , kriegt nen Herzinfarkt
ich denke das ist es was uns allen droht
berühmt zu sein oder tot
Was passiert jetzt mit ihrem Einkaufswagen
wird ihr jemand das Zeug zum Friedhof tragen
Mineralwasser und Shampoo für gewelltes Haar
doch ich find sie erst als Leiche richtig wunderbar

Denn jetzt ist sie dürrer als Kate Moss
und die Tränen die ich wegen ihr vergoss
sind wirklich absolut ehrlich gemeint
denn ihr Pudel war mein bester Freund
Sie ging immer shoppen, zwei Stunden
und ich hab den Kerl heimlich losgebunden
ihm beigebracht Polizisten zu beißen
und direkt vor die Deutsche Bank zu scheißen

Hier haben die Jahre stattgefunden
dieser Kiez ist alles was ich hab
doch die meisten Freunde sind verschwunden
nach Mallorca, in den Knast oder ins Grab
Nun prügeln sich die Spekulanten
wollen sanieren um zu kassieren, man kennt das ja
und wo früher Kids wie wir rum rannten
flaniert bald nur noch die Schickeria

Der Dichter aus dem fünften Stock ging stiften
er war der Obrigkeit zu subversiv
rief auf Politiker und Tauben zu vergiften
da wurden sie beim Tierschutz schnell aktiv
Wladimir hatte leider deutsche Ahnen
darum zog man ihn ein zur Bundeswehr
er sprach kaum deutsch, hörte den Spieß nicht warnen
„Vorsicht Granate" – nun gibt's ihn nicht mehr

Und ich schreib ohne Metrik, ohne Schema
noch immer Songs zu eben diesem Thema

und weil wir alten Späthippies, Woodstock-Jünger,
Joan Baez-Fans, Müsli-Schlucker, Birkenschuhträger,
Linkswähler, Joint-Schnorrer schon immer der Meinung
waren dass die Form oder das Reimschema
in Songs mit solch inhaltsschwerer Aussage so was von
pupegal sind und irgendwelche verfuckten Regeln nicht
gelten wenn man echt was mitzuteilen hat oder so,
mit Bedeutung halt eben, quetsche ich das jetzt alles hier
hinein was ich noch zu sagen habe, ob es nun zur
Melodie passt oder nicht, scheißegal, Hauptsache Kunst,
wa ey........und überhaupt: Make love not war,
make art not money, make irgendwas

Der Pilot

Er lief übers Rollfeld
und hat sich gewundert
warum alle blind sind
in diesem Jahrhundert
Und warum Reporter
nach Schlagwörtern greifen
bei ihrer Beschreibung
vom Warten in Schleifen

Der Himmel ist sprachlos
und einsam und weit
in den fließenden Bildern
fernab jeder Zeit
ein Meer ohne Küste
ein Raum ohne Türen
ein Ort um zu lieben
und sich zu verlieren

Und lächelnd flog im Abendrot
er in den Tod
- Adieu Pilot

Niemands Herr und niemands Knecht

Ein paar Münzen im Beutel
die Stiefel geschnürt
die steife Brise von vorne gespürt
teilt er sein Brot
mit dem ärmsten Hund
- der Vagabund

Die Straße ist weit - die Erde ist rund
ein Lächeln spielt um seinen Mund
wenn er sagt:

Niemands Herr und niemands Knecht
das ist mein Recht

Bruderlos auf dieser Erde
Gefährte des Windes
kein Schaf in der Herde
teilt er sein Brot
mit dem ärmsten Hund
- der Vagabund

Die Straße ist weit und schlägt seine Stund
spielt ein Lächeln um seinen Mund
wenn er sagt:

Niemands Herr und niemands Knecht
das war mein Recht

Zweite Abfahrt links hinterm Mond

Wieder Freitag und ich hab genug von den Leuten
die mir auf den Sack gehn, mir gar nichts bedeuten
ich will heute von meinem Leben nichts wissen
will einer Göttin das Hinterteil küssen
und fahren soweit mich mein Wagen noch trägt
bis mich die Liebe erschlägt

Im Rauch von französischen Zigaretten
will ich für dich meine Zukunft verwetten
und wenn du mir nicht sofort den Himmel versprichst
spucke ich dir mein Herz ins Gesicht

Steig ein, fass mich an
und schenk mir dein Schweigen
dann werd ich dir Inseln
hinterm Horizont zeigen

Zweite Abfahrt links hinterm Mond
und dann weiter
mach das Fenster auf
und die Beine noch breiter
Ich will dich dort fühlen
wo du vergisst
was für ein braves Mädchen
du sonst immer bist

Es ist heiß und dein Kopf kann dir nicht mehr erklären
wogegen sich unsere Körper nicht wehren
wir sind eins mit der Straße, den Sternen, dem Wind
und ich küsse dich feucht, hungrig und blind

Bleib hier, fass mich an
teil mit mir das Fieber
dann spürst du das Wunder
in dir immer wieder

Zweite Abfahrt links hinterm Mond
und dann weiter
mach das Fenster auf
und die Beine noch breiter
Ich will dich dort fühlen
wo du vergisst
was für ein braves Mädchen
du sonst immer bist

Die Welt der Väter

Tina steht auf der riesigen Bühne
Tina sieht in das glänzende Licht
Tina tanzt wie noch niemals vorher
doch sie weiß es reicht wieder mal nicht

Und der Mann auf dem Rang verzieht keine Miene
er kennt keine Gnade überhört den Applaus
als der Vorhang fällt ist er längst schon gegangen
der strenge Richter spricht das Urteil zuhaus

Das ist die Welt der Väter, du wirst sie nie verstehn
du trägst zu große Schuhe um je darin zu gehn
Dies ist die Welt der Väter, die Bürde wiegt zu schwer
egal was sie erwartet, du schuldest ihr nichts mehr

Frankie hängt über trockenen Büchern
Frankie lernt – doch es bleibt Theorie
Frankie weiß er muss promovieren
er braucht den Doktor in Biochemie

Doch der alte Herr ist niemals zufrieden
eitel hockt er auf dem grausamen Thron
seine Stimme voll Spott, eine ständige Mahnung:
„Du kannst es besser du bist doch mein Sohn"

Das ist die Welt der Väter, du wirst sie nie verstehn
du trägst zu große Schuhe um je darin zu gehn
Dies ist die Welt der Väter, die Bürde wiegt zu schwer
egal was sie erwartet, du schuldest ihr nichts mehr

Dies ist die Welt der Väter, so lieblos, hart und leer
wann werden wir begreifen, wir schulden ihr nichts mehr

Kabul reloaded

Basis kommen
…hör nichts….knackt..
wiederhole…
Sichtkontakt
Drüben auf drei Uhr
seh noch nicht wie viele
Basis hört ihr mich…?
Bewegliche Ziele

Laufen langsam
… sehr viel Staub..
Waffen ? Waffen ?
Doch ich glaub..
Bitte wiederholen..
Weiß nicht was ich seh
sagtet ihr grad: Feuer frei
Feuer frei .. okay

Mission ist beendet
hab jetzt freie Sicht
Frauen und auch Kinder?
Nein, das war ich nicht
Warum sie dort liegen?
Was heißt hier „zivil"?
Es war einfach geil
wie ein Videospiel

Sie lacht nur an Tagen mit "M"

Am Montag strahlt sie wie die Sonne
am Dienstag ist sie kalt wie Schnee
am Mittwoch da ist sie dein Engel
und Donnerstag tut sie dir weh

Vom Rest der Woche mal gar nicht zu sprechen
da könnte ihr Blick sogar Steine zerbrechen

Sie lacht nur an Tagen mit "M"
deshalb hält man sie für plemm-plemm
dabei teilt sie sich nur
beinah strikt nach der Uhr
ihre Fröhlichkeit ein
das ist ihre Natur

Am Montag scheint sie dich zu mögen
am Dienstag gefriert ihr Gesicht
am Mittwoch schenkt sie dir den Himmel
und Donnerstag kennt sie dich nicht

Vom Rest der Woche mal gar nicht zu sprechen
da könnte ihr Blick sogar Steine zerbrechen

Sie lacht nur an Tagen mit "M"
deshalb hält man sie für plemm-plemm
dabei teilt sie sich nur
beinah strikt nach der Uhr
ihre Fröhlichkeit ein
das ist ihre Natur

Ihr Lächeln starb zu jung

Tina – grad mal fünfzehn Jahre
blaue Augen – blonde Haare
liebte Songs von Elton John
- gestern Nacht flog sie davon

Zwanzig Stock
ein paar Sekunden
alle Zweifel überwunden
Kaltes Pflaster
warmes Blut
wie viel Angst und wie viel Mut
braucht es für den letzten Schritt
wie viel nimmst du von uns mit

von der Liebe und den Fragen
dem Gefühl nicht zu ertragen
dass man nicht mal weiß warum
- und die Sterne bleiben stumm

Tina – so ein kurzes Leben
welchen Sinn kann das ergeben
war es wirklich schon zu spät
gab es keinen andren Weg

Ich weiß nicht was sie bewegte
was sie fühlte kurz vorm Sprung
was ich von ihr weiß ist wenig
nur: Ihr Lächeln starb zu jung

Der Soundtrack meiner Generation

Die Faschingsprinzessin zerschneidet die Schlipse
der Büttenredner redet vom Tod
dies ist das Jahr der Apokalypse
wenn uns nicht sogar noch schlimmeres droht

Wer früher links war ist steht heute rechts
und der Rest der Dummen steht noch immer im Wald
man ist stolz aus Überzeugung wegen seines Geschlechts
und es gibt kein dreizehntes Monatsgehalt

Und der Vater ist auch nicht mehr anders als der Sohn
das ist der Soundtrack meiner Generation

Wenn man heute zur Wahl geht wählt man immer die Bösen
wenn man gar nicht mehr wählt ist es auch nicht gut
es kommt kein Messias um uns zu erlösen
so steigen nur der Bierkonsum und die Wut

Früher konnte man sich noch mit seinen Eltern zoffen
mittlerweile sind die auch nur noch arme Schweine
man ist gemeinsam schlecht dran und zutiefst betroffen
doch die Suppe auslöffeln muss jeder alleine

Überhaupt ist alles doch nur noch Spott und Hohn
das ist der Soundtrack meiner Generation

Manche wechseln die Seiten noch schneller als die Hemden
und der Freund von gestern ist heut oft der Feind
manchmal packt einen so ein Anflug von Befremden
denn ursprünglich war das alles ja mal anders gemeint

Wer Pech hat ist noch hier,
wer schlau war ist geflohn
das ist der Soundtrack meiner Generation

Deutschland entblöde dich

Die Deppen des Landes in Talk-Shows vereint
es gibt viel mehr davon als es scheint
und sie haben alle so banale Probleme
dass ich mich schon für meine wirklichen schäme
Paul ist sein Pimmel zu klein und Trudis Titten zu groß
habt ihr sie noch alle was ist mit euch los
wär ich wie ihr blieb ich ein Leben lang drinnen
und wäre ganz schnell Hella von Sinnen

>Deutschland entblöde dich
>werd endlich wach
>du bist nicht Atze Schröder
>und auch nicht Dirk Bach
>Du bist Theodor Storm
>und Heinrich Heine
>Deutschland entblöde dich
>sonst mach ich dir Beine

Der Schwachsinn liegt wie niemals vorher im Trend
und was früher debil war nennt man jetzt prominent
es gibt Dschungel-Camps und es gibt Container
jeder kennt Dieter Bohlen, doch wer war Herbert Wehner
Ist das Leben ein Casting oder nur Comedy
fickt der dümmste Bauer sich nur selber ins Knie
verblöden die Kinder immer mehr, immer schneller
vielen Dank Ingo Appelt, vielen Dank Arabella

>Deutschland entblöde dich
>werd endlich wach
>du bist nicht Atze Schröder
>und auch nicht Dirk Bach
>Du bist Theodor Storm
>und Heinrich Heine
>Deutschland entblöde dich
>sonst mach ich dir Beine

Die größte Erfindung war die Wirklichkeit

Penicillin? Wichtig, ganz klar
Internet? Natürlich, oh ja
Compact Disc, Flugzeuge
Herztransplantation?
Ghostwriter, Pornos,
oder Mindestlohn?

Alles gewiss sensationell seinerzeit
doch die größte Erfindung war die Wirklichkeit

Playback? Ist fein
Mikrowelle? Muss sein
Antidepressiva,
„Wer wird Millionär"
Fertiggerichte
Geschlechtsverkehr?

Alles gewiss sensationell seinerzeit
doch die größte Erfindung war die Wirklichkeit

Okay, sie liegt manchmal
nicht eben im Trend
und ich weiß auch nicht
wer hat darauf ein Patent

aber ich bleibe dabei jederzeit:
Die größte Erfindung war die Wirklichkeit

Dich mir näher denken

Meine Nase blutet
in dein Taschentuch
dich mir näher denken
endet beim Versuch

Du schweigst um dein Leben
da mag ich nicht stören
denn du wirst mir nie
mehr als heut gehören

Was wir nicht mehr haben
das ist einzig Zeit
dich mir näher denken
führt mich meist zu weit

Pendlerpauschale

Wenn man Anlageberater nicht sofort erschießt
sie im Garten vergräbt und dann Neurosen gießt
weiß man dass man nicht mehr jung ist sondern tot
und das einzige was dann die Zukunft noch bedroht

ist nicht der Gesang der Wale
sondern die Pendlerpauschale

Heimatfront

Ich hab es grad erst in der Zeitung gelesen
sie erwarten den Ansturm der Rotchinesen
auf unsre Fabriken und auf unsre Frauen
und wir könnten überhaupt keinem mehr trauen
Im Weißen Haus sitzen jetzt Pazifisten
die helfen uns nicht gegen Terrortouristen
wir sind zwar noch immer der Nabel der Welt
aber trotzdem auf uns alleine gestellt

Wir heben Schützengräben aus
färben die Flüsse blond
zehn Meter sind's von meinem Haus
bis hin zur Heimatfront
Wir fühlen uns seit 45
als Opfer und nicht als Täter
am besten ist wir schießen zuerst
und fragen später

Das ist keine Übung mehr und auch kein Spiel
die Schlitzaugen machen seit Wochen mobil
und auch die Araber hört man jetzt oft sagen
sie wollen den Golf-Krieg in Wolfsburg austragen
Wir horten Konserven und baun Luftschutzkeller
so leicht klaut man uns nicht die Weißwurst vom Teller
wir sind unter dem Banner des Adlers vereint
wenn am Horizont die Bedrohung erscheint

Wir heben Schützengräben aus
färben die Flüsse blond
zehn Meter sind's von meinem Haus
bis hin zur Heimatfront
Wir fühlen uns seit 45
als Opfer und nicht als Täter
am besten ist wir schießen zuerst
und fragen später

Ein Bus voll gelber Zwerge
das muss die Vorhut sein
sie knipsen unsre Berge
und kaufen sehr viel ein
Soviel zum Ernst der Lage
doch nun ist wirklich Schluss
mit dieser Demontage
wir sprengen jetzt den Bus

Sie wird in ihrer Schönheit sich verschwenden

Sie wird in ihrer Schönheit sich verschwenden
bedenkenlos dem Leben zugetan
dem Leben, das sie jetzt schon trägt auf Händen
sie neigt zur Größe, nicht zum Größenwahn

Sie wird sich ihrer selbst ständig besinnen
trägt nicht die Nase oben, nur den Kopf
jemand wie sie kann immer nur gewinnen
mit leichter Hand packt sie das Glück am Schopf

Sie wird aus kleinen Dingen Großes machen
denn sie ist nicht geschwätzig, nur beredt
sie kann über sich selbst auch herzhaft lachen
ist keine die in fremden Schuhen geht

Sie wird mit ihrer Sanftheit viel erreichen
überall dort wo Härte stets versagt
und sie geht ihren Weg nicht über Leichen
kein Hindernis bei dem sie je verzagt

Sie wird in ihrer Schönheit sich verschwenden
bedenkenlos dem Leben zugetan
dem Leben, das sie jetzt schon trägt auf Händen
sie neigt zur Größe, nicht zum Größenwahn

Er kehrte als ein anderer heim

Er war Surfer, sagt Andy
und nach kurzem Zögern fiel ihm noch ein
Keine Welle konnte je hoch genug für ihn sein
aber jetzt, ich weiß nicht
er kehrte als ein anderer heim

Cora sagt, er spielte Gitarre
und träumte davon mal ein Rockstar zu sein
Er hat oft am Strand für mich gesungen
aber jetzt ist er mir fremd
er kehrte als ein anderer heim

Er war immer mein Liebling, sagt Mutter
so unschuldig, zart und klein
keiner Fliege tat er je was zuleide
was ist nur geschehen
er kehrte als ein anderer heim

Ich kann mich nicht erinnern, sagt er
ich hab nie verlangt ein Held zu sein
die Granatsplitter schmerzen
und ich vermisse mein Bein
ich kam zwar zurück, doch ich kehrte nicht heim

Vermummungsverbot

Vermummungsverbot!

Ich unterstütze den Staat in dieser Frage
vehement!

Her mit dem Vermummungsverbot!

Wenn Politiker
keine Masken mehr tragen dürften
würden wir endlich klarer sehn

Aufbruch ohne Einwand

Ich sah dich heut in der Fußgängerzone
du trugst Sandalen und ein Plakat
du fragtest mich ob ich noch hier wohne
und ich nickte dir zu: Das Leben ist hart

Ich glaube du wolltest mir etwas erklären
aber es war schon viertel vor zwei
von Luft und Liebe kann ich leider nicht zehren
und im übrigen bin ich auch gar nicht mehr frei

Ich hab eine Frau, zwei Hunde, ein Kind
und keine Zeit mehr mich zu engagieren
du hast es einfach: Stehst hier im Wind
und kannst ganz vorteilhaft frieren

Ich muss weiter – war schön dich zu sehen
kämpf für mich mit für eine bessere Welt
ich mag dich – doch, doch- und kann gut verstehen
dass dir diese einfache Einfalt gefällt

Flügellahm

Die Vergleiche hinken
hinken durch mein Haus
poltern, stolpern, fallen
mit der Tür hinaus

flügellahm doch furchtlos
stehen sie Spalier
und geh ich hindurch
applaudiern sie mir

Die Vergleiche hinken
hinken zart und fein
ich bind solche Klötze
mir ganz gern ans Bein

Traum vom Aufstand der Klofrauen

Der Staatssekretär in der Vorabendsendung
sprach: Dies ist eine Zeit der Verblendung
darum geht in die Kirche, kauft Nussbaummöbel
zahlt Steuern, zeugt Kinder und schießt auf den Pöbel

Und in jeder Zeitung konnte man lesen
Schuld am Krieg sind die andern gewesen

Ich träumte vom grenzenlosen Vertrauen
in weißgekleidete duftende Frauen
die sprachen bei der Arbeit kein einziges Wort
und spülten die Scheiße für immer fort

Und am Morgen hab ich es groß in der Zeitung gefunden
Der Staatssekretär ist leider verschwunden

Der Gärtner

Die Farbe abgeblättert vom alten Herrschaftshaus
der Wind pfeift durch die Scheiben, das Dach sieht brüchig aus
Die Tür hängt in den Angeln, schwingt manchmal hin und her
und drinnen ist es dunkel, längst lebt dort niemand mehr

Der Garten ist verwildert, der Rasen nicht gemäht
doch oben auf dem Hügel da ist ein Rosenbeet
das immer noch gepflegt wird und frei von Moos und Sand
in all den langen Jahren den Winter überstand

Der Gärtner ist geblieben als die Lady schlafen ging
um die Rosen zu behüten, weil ihr Herz an ihnen hing
Der Gärtner ist geblieben, tut noch immer seine Pflicht
und es ist als lebt die Lady wenn er mit den Rosen spricht

Manchmal da quietscht die Schaukel, die an der Ulme hängt
dort hat der Lord der Lady den goldnen Ring geschenkt
und die Kapelle spielte in dieser Sommernacht
so war es niemals wieder doch er hat oft daran gedacht

Als dann der Krieg ins Land zog stand sie auf dem Balkon
und winkte den Soldaten, ihr Mann zog auch davon
Er kehrte niemals wieder in dieses Haus zurück
und wie die schöne Lady verfiel es Stück für Stück

Der Gärtner ist geblieben als die Lady schlafen ging
um die Rosen zu behüten weil ihr Herz an ihnen hing
Der Gärtner ist geblieben, tut noch immer seine Pflicht
und es ist als lebt die Lady wenn er mit den Rosen spricht

Vorbei die Zeit der Feste, erst ging das Personal
dann blieben auch die Freunde aus, der Lady war's egal
Das war nicht mehr die Welt, wie sie sie einst verstand
und in den letzten Stunden hielt der Gärtner ihre Hand

Sie sprach mit matter Stimme: „Was ist mit mir geschehn?
Du musst die Rosen pflegen, sie dürfen nicht vergehn
Und wenn mein Gatte heimkehrt dann grab die Schönste aus
und stell sie in sein Fenster, er liebt Rosen im Haus"

Komplex

Die Zusammenhänge sind schwer zu durchschauen
da kann man ganz leicht mal ins Fettnäpfchen hauen
sie fordern gegen Terror immer neue Gesetze
„Aha" sage ich „Terror schafft Arbeitsplätze"

„Du" mault Susi „das ist aber sehr fatalistisch
und mir unterm Strich auch zu kapitalistisch
ich will dich zwar durchaus nicht dafür bestrafen
doch nach solchen Worten kann ich nicht mit dir schlafen"

Die Welt ist komplex – die Frauen komplexer
sie zu verstehn ist wie im Lotto ein Sechser
die Welt ist komplex da sollte man meinen
auch ich hätte wenigstens einen

Wer kann denn die heutige Zeit noch verstehen
in der sogar Banken täglich pleite gehen
da denkt sich so mancher : „Gott was sind die dumpf
jeder Mensch weiß doch Geld gehört in den Strumpf"

Ich würde diese These sofort unterschreiben
doch mit Rücksicht auf Susi lass ich es lieber bleiben
denn sie denkt sicher anders und da sagt mein Verstand
Halt lieber das Maul sonst macht sie's nicht mal mehr mit der Hand

Die Welt ist komplex – die Frauen komplexer
sie zu verstehn ist wie im Lotto ein Sechser
die Welt ist komplex da sollte man meinen
auch ich hätte wenigstens einen

Die Welt ist komplex – dabei will ich nur Sex

Deutsche Mütter

Die Welt ohne Deutsche
ein schrecklicher Gedanke
so dass ich deutschen Müttern
aus vollem Herzen danke
Wir wären sonst so wenig
wie die Dinosaurier
und ich fände das
wirklich noch viel trauriger

Dass die jetzt nicht mehr da sind
das tut mir nicht so weh
die waren ja so furchtbar groß
und nicht alle fraßen Klee
Da gab es Exemplare
die hätten uns vertilgt
ein Glück das dieser Umstand
nicht für deutsche Mütter gilt

Man hat es ja nicht wirklich leicht
mit einem Babybauch
da ist der Job oft sehr schnell weg
der Vater manchmal auch
Doch sie beißen sich durch
die tapferen deutschen Mütter
da lass ich mich auch rekrutiern
als Babysitter

Manch Engländer wird sagen
Ach diese deutschen Mütter
würde es die nicht geben
das wäre doch nicht bitter
Dann könnten wir bestimmt
im Fußball auch mal siegen
und Buckingham würde vielleicht
bei Wanne-Eickel liegen

Die Welt ohne Deutsche
das würde schrecklich sein
drum trete ich sehr vehement
für deutsche Mütter ein
Ich wär sogar bereit
zu einer Samenspende
denn ohne deutsche Mütter
wär Deutschland doch am Ende

Hausfrauengebet

Meister Proper
der du bist in der Flasche
geheiligt werde dein Name
deine Weissheit komme
der Schmutz vergehe
wie auf Kacheln
so auch auf Fliesen

Unser täglich Spüli
gib uns heute
und vergib uns die Kruste
wie auch wir vergeben
deinen überhöhten Preis

Und führe mich nicht aus der Küche
sondern erlöse mich von dem Dreck
denn dein ist die Sauberkeit
in Ewigkeit

Amen

In den Wolken deiner Seele

In den Wolken deiner Seele
spielt ein Gnom auf dem Klavier
er wirft Messer nach der Sonne
und ist traurig wegen dir

weil dein Blick ihn nicht beachtet
weil dein Herz ihn nicht erkennt
obwohl euch viel mehr verbindet
als euch trennt

Und er spielt mit wunden Fingern
Symphonien ein Leben lang
doch du willst nicht seine Liebe
- nur den Klang

Kleine Heldin

Zu gut dein Herz für diese Welt
dein Geist so klar und offen
hast mutig denen dich gestellt
die auf dein Scheitern hoffen
Dummheit und Neid in kalter Zeit
ständige Wegbegleiter
du bist für Höheres bereit
und bringst es sehr viel weiter

Du ragst heraus, bist nicht wie sie
die Eitlen und die Dummen
vielleicht bringt deine Poesie
sie endlich zum Verstummen

Kleine Heldin – sieh es ein
du bist vieles, doch nicht klein
deine Träume groß und schön
sollen in Erfüllung gehn
Kleine Heldin – gib nicht auf
lass den Dingen ihren Lauf
ich weiß dass kein Sturm dich bricht
du strahlst hell wie Sonnenlicht

Weil deine Sprache Flügel hat
lässt sie dich höher steigen
sie fordert und wird niemals satt
und sie bricht jedes Schweigen
Dein Stolz ein Schild in kalter Zeit
ein Licht auf dunklen Wegen
deine Sanftmut, deine Ehrlichkeit
wird Berge noch bewegen

Und jene die heut blind und taub
nichts als sich selber sehen
sind irgendwann nur noch wie Staub
doch du wirst weiter gehen

Kleine Heldin – sieh es ein
du bist vieles, doch nicht klein
deine Träume groß und schön
sollen in Erfüllung gehn
Kleine Heldin – gib nicht auf
lass den Dingen ihren Lauf
ich weiß dass kein Sturm dich bricht
du strahlst hell wie Sonnenlicht

Und sollten eines Tages
Sterne vom Himmel fallen
muss man dich nicht lang suchen
du bist der hellste Stern von allen

(Für Sandra)

Ich hab einen Engel gesehen

Ich hab einen Engel gesehen
einen Engel mit künstlichen Haaren
in der Station mit den Türen aus Stahl
wo die Träume unheilbar waren

Ich hab einen Engel gesehen
es ging ihm nicht gut
war nur Haut und Knochen
und spuckte Blut
und sein Gebet
trieb den Herren Doktoren
das Gleichmutsschmalz
aus den sauberen Ohren

Ich hab einen Engel gesehen
mit offenen Geschwüren
und hatte den Wunsch
ihn sanft zu berühren

Ich hab einen Engel gesehen
man trug ihn aus dem Haus
und er sah selbst im Tode
noch würdevoll aus

- wie ein Mensch

Auf der Suche nach einem Gedanken

Sie ist zweiundzwanzig und läuft im Park rum
mit ihrem Hund in einer eiskalten Nacht
sie ist auf der Suche nach einem Gedanken
ich hätt ihn so gerne für sie gedacht

Am Arbeiterdenkmal nimmt sie ein Streichholz
und verbrennt heulend ein Stück Papier
letzte Woche war jemand an ihrer Seite
nun läuft nur noch der Hund neben ihr

Es ist ihre Geschichte die mich auch nichts angeht
ich halte mich besser aus allem heraus
ich bin auf der Suche nach einem Gedanken
und nehme fremde Probleme nicht gern mit nach Haus

Am Arbeiterdenkmal rauch ich eine Kippe
auf dem Boden liegt ein Stück Papier
ich kann ein paar Worte darauf noch lesen
und teil die Wut und Verzweiflung mit ihr

Ich kenne das alles aus eigner Erfahrung
ich weiß was sie durchmacht – es ist nicht leicht
wir sind auf der Suche nach einem Gedanken
einen Grund der uns zum Weitergehn reicht

Ich tu nur so als ob

Ich schüttel die Sekunden aus dem Wecker
und küsse deinen schmalen Mund zu Staub
ich glaub ich werd im nächsten Leben Bäcker
ein Attentäter oder blind und taub

Ich habe keinen Spaß mehr an der Sache
ich weiß nicht was ich mache
und warum
hätt ich nicht Angst man würd mich falsch verstehen
tränk ich ein Bier
und brächte mich dann um

Ich tu nur so als ob
als ob ich lebe
ich kleb wie Fliegendreck im falschen Film
ich tu nur so als ob
als ob ich lebe
ich bin so gut darin man merkt es kaum
ich tu nur so als ob
als ob ich lebe
in Wirklichkeit ist alles nur ein Traum

Ich mach Notizen die der Welt nichts nützen
und rede dir beständig Unfug ein
ich kann dich vor mir selber nicht beschützen
und wünschte doch es könnte Liebe sein

Ich habe kein Gefühl mehr für die Wahrheit
ich pfeife auf die Klarheit
und den Sinn
hätt ich nicht Angst man könnt mich falsch verstehen
würd ich noch heut
vergessen wer ich bin

Ich tu nur so als ob
als ob ich lebe
ich kleb wie Fliegendreck im falschen Film
ich tu nur so als ob
als ob ich lebe
ich bin so gut darin man merkt es kaum
ich tu nur so als ob
als ob ich lebe
in Wirklichkeit ist alles nur ein Traum

Das Auto

Die Polster sind weich
der Lack schimmert matt
ein silberner Halbton
er sieht sich nie satt
an den breiten Felgen
und der Karosserie
einen Wagen wie diesen
fuhr er noch nie

Noch dreißig Raten offen
bis zum Sonnenuntergang
und die Straße in die Zukunft
war noch nie so leer und lang

doch dann klappert der Zylinderkopf
und irgendeine Dichtung
und der Mann in seinem Auto
lebt in eine andre Richtung

Ich habe dich geliebt

Stell den Parkplatz auf dein Auto
bring dem Knochen einen Hund mit
und vergiss nicht :
Ich habe dich geliebt

Dreh ne Lampe in die Birne
nimm die Kirsche aus den Kernen
und vergiss nicht :
Ich habe dich geliebt

Vergiss mich wenn du mich nicht mehr liebst
lieb mich weil ich dich nicht vergess
- nein lass es

Nimm die Leine von der Wäsche
stell den Abwasch in den Teller
und vergiss nicht :
Ich habe dich geliebt

Pack ne Vase in die Blumen
wirf nen Kasten in den Brief
und vergiss nicht :
Ich habe dich geliebt

Vergiss mich wenn du mich nicht mehr liebst
lieb mich weil ich dich nicht vergess
- nein lass es

Mach was du nicht willst
nur bitte mach es ganz

Vergiss mich wenn du mich nicht mehr liebst
lieb mich weil ich dich nicht vergess
- nein lass es

Haarspalterei ist eine ehrbare Kunst

Mancher Mensch schraubt an Motoren
mancher modelliert gern Ohren
einer fischt und einer taucht
jeder von ihnen wird gebraucht

Früher war Schlampe ein Schimpfwort
heut ist es ein Lebensgefühl

Haarspalterei ist eine ehrbare Kunst
lass es mich dir beweisen
gewähr mir die Gunst
ich könnte mich gar nicht anders entfalten
als Haare zu spalten

Mancher Mensch mag unterrichten
andre können besser dichten
mancher braucht es im Akkord
andere schwören auf Sport

Früher war Schlampe ein Schimpfwort
heut ist es ein Lebensgefühl

Haarspalterei ist eine ehrbare Kunst
lass es mich dir beweisen
gewähr mir die Gunst
ich könnte mich gar nicht anders entfalten
als Haare zu spalten

Ich kann einfach nicht an mich halten
bei der Aussicht wieder Haare zu spalten

Sturmzeit

Jeder deiner Sätze fängt mit „Vielleicht" an
die Welt dreht sich weiter und alles um dich
die Kids tragen T-Shirts mit deinem Gesicht drauf
dein Manager poppt Zwillinge unter dem Tisch
Der Chor deiner Fans gratuliert a-capella
die Videowand wirft dich quer durch den Raum
ich glaub wenn ich viel trinke dann sterbe ich schneller
oder erwache aus diesem Traum

Es ist Sturmzeit Baby, das wollt ich dir sagen
nur Narren gehen so spät aus dem Haus
mir schlägt diese Party und noch viel mehr auf den Magen
mach dir nichts draus, ich kotz mich nur aus

Dein Guru aus Tibet jongliert mit Bouletten
fünf halbnackte Mädchen rennen über den Flur
wer kann mich vor deinem Erfolg jetzt noch retten
ein Schuss in den Kopf oder Mutter Natur
Dein Stylist schnupft Koks mit deinem Dackel
sie haben ohnehin schon die gleiche Frisur
und wenn mich irgendwer fragend anschaut
sag ich: „Verzeihung ich bin es nur"

Es ist Sturmzeit Baby, das solltest du wissen
nur Narren gehen so spät aus dem Haus
ich wollte dich schlagen und ich wollte dich küssen
aber inzwischen will ich nur noch hier raus

Groupies und Bodyguards wohin ich auch schaue
einige tanzen barfuss im Kartoffelsalat
in allen Ecken wird gelacht und gesoffen
und auf den Sitzmöbeln wird sich eifrig gepaart

Es ist Sturmzeit Baby, das wollt ich dir sagen
nur Narren gehen so spät aus dem Haus
mir schlägt diese Party und noch viel mehr auf den Magen
mach dir nichts draus, ich kotz mich nur aus

Es ist Sturmzeit Baby, das solltest du wissen
nur Narren gehen so spät aus dem Haus
ich wollte dich schlagen und ich wollte dich küssen
aber inzwischen will ich nur noch hier raus

Andacht

Ein weites Feld. Wie dein Gesicht.
Dahinter Asche. Oder Licht.
Und Gottes Flugblatt wirbt beredt
für einen Plan der Glück verspricht.

Die Glocke schlägt.
Zu Boden mich.
So klingt es
Dein: Ich liebe Dich

Hat mich gebeugt.
Mein krummer Gang
ist Zeichen dafür.
Gott hab Dank.

Doch das was mich am Leben hielt
habe ich Dir nur vorgespielt.

Als die Steine sprachen

Als die Steine sprachen
klang es wie ein Gedicht
nur wollt es niemand hören
denn Steine sprechen nicht

Jene die so dachten
standen nicht alleine
waren hart und unbeugsam
beinah so wie Steine

Wären Steine Menschen
und Menschen dafür Steine
würdet ihr verstehen
was ich meine

Weiteste Ferne

Manchmal braucht es weiteste Fernen
einander kennen zu lernen
alles was ich dann in dir sehe
ist unsichtbar aus der Nähe

Ich stand am Bus und spuckte nach der Sonne

Mir rutschte das Herz in die Hose
da hab ich mir die Knie aufgeschlagen
ein dummer Bub fast in Narkose
zu schüchtern dir etwas zu sagen

Du hast es gewusst und nie zugegeben
es erschien dir auch sicher banal
du hattest dich schon dem Heinz hingegeben
wie er prahlte: Sogar oral

Ich stand am Bus und spuckte nach der Sonne
und wünschte dass die Erde Feuer fing
es war für mich doch wahrlich keine Wonne
und in der Hose juckte mir das Ding

Frau Schmidt sah mich an und sie lachte
und später kam sie mir nah
ich sage euch nicht was sie machte
Das Jucken war dann nicht mehr da

Nun bin ich ohne Adresse

Der Spatz auf dem Dach, die Taube im Bett
wen kümmert's woraus ich mir was mache
im besten Fall noch nennt man mich adrett
Adrett? Ach, dass ich nicht lache

Die Moral taugt im Leben nicht als Gefährte
von ihr wirst du nicht froh und nicht satt
und wenn mich das Leben je etwas lehrte
dann: Es findet auch ohne mich statt

Und um jene die nur davon reden
kümmert es sich mit Sicherheit nicht
darum rate ich heute auch jedem
Vergeude es nicht für ein Gedicht

Jetzt bin ich ohne Adresse
meine Post kommt nicht mehr bei mir an
und das Glück tritt mir in die Fresse
mehr als ich schlucken kann

Es lebt sich gut mit Arbeit und Geld
man meide jedoch das Extreme
denn eines ist sicher auf dieser Welt
Jeder schafft seine eignen Probleme

Vielleicht liegt es ja in des Menschen Natur
beispielsweise in den Chromosomen
dass man immer im Streit liegt mit der inneren Uhr
von wegen der Ambitionen

So kommt man auf keinen grünen Zweig
so kommt man nur heftig zuschanden
da hilft auch kein warnender Fingerzeig
geht man sich erst selber abhanden

Jetzt bin ich ohne Adresse
woran ich nichts mehr ändern kann
nun lese ich mir also die Messe
und fang wieder von vorne an

Manchmal stehst du neben dir

Manchmal stehst du neben dir
nicht sinnbildlich sondern faktisch
gewiss ist dies nicht jedem Pläsier
dabei ist es äußerst praktisch

So ist kein Spiegel von Nöten
um zu prüfen wie die Haarpracht sitzt
und man muss auch nicht erröten
weil der Kragen nicht blütenweiß blitzt

Man kann sich von außen betrachten
was manch neue Erkenntnis beschert
nur sich selbstverliebt anzuschmachten
wäre vielleicht etwas verkehrt

Manchmal stehst du neben dir
kannst dich in anderem Lichte besehen
und in deinem Fall denke ich mir:
Bleib da fortan stehen

Anchorage ist nicht real

Das Balg des Präsidenten
nur Schabernack im Kopf
spielte mit Daddys Koffer
und mit dem roten Knopf
Mama war in der Kirche
Daddy triebs im Büro
mit seiner Sekretärin
Oma war auf dem Klo

Der Vize wollte retten
was noch zu retten ist
denn tief in seinem Herzen
war er doch Pazifist
Er fluchte laut "Scheiß-Technik"
spielte am Hebel rum
und brachte aus Versehen
dann halb Alaska um

Anchorage ist nicht real
morgen wird es wieder schnein
und dann friert der Wind der Zeit
all die Toten einfach ein
Anchorage ist nicht real
alles das ist nicht passiert
und bevor noch jemand fragt
wird Alaska dementiert

Ein alter Herr im Kreml
und fröhliche Genossen
drücken ihr Beileid aus:
Ätsch ätsch vorbeigeschossen
Aber so sind die Bälger
verdammte Vaterpflicht
Parole auch in Moskau:
Alaska gibt es nicht

Der Präsi vor der Presse
hebt grüßend seine Hand
Alaska war ne Scheinwelt
ne Art von Disneyland
Da gab es auch nur Puppen
und jener große Knall
waren die special effects
für: Donald fliegt ins All

Anchorage ist nicht real
morgen wird es wieder schnein
und dann friert der Wind der Zeit
all die Fragen einfach ein
Anchorage ist nicht real
alles das ist nicht passiert
und bevor noch jemand fragt
wird Alaska dementiert

Dem Freund der sich dem Wein ergeben

Der Freund der sich dem Wein ergeben
weil seine Liebste ihn verstieß
genießt seitdem das süße Leben
schuf sich sein eignes Paradies

Ihn lockt der Nektar reifer Reben
beständig ohne Unterlass
wo andre einen Becher heben
da leert er gleich ein ganzes Fass

Dem Freund der sich dem Wein ergeben
dem spend ich Beifall und nicht Trost
beneid ihn um sein hehres Streben
und sage ihm von Herzen: Prost

Unter meinem Fenster

Unter meinem Fenster
eine alte Gaslaterne
da steht ein Pärchen rum
und hat sich scheinbar gerne

Es scheint dass sie sich küssen
im milchig trüben Licht
sollen sie doch wenn sie müssen
mich stört das wirklich nicht

Ich denk mir in der Stille
ich hätt es auch gemacht
dort unter meinem Fenster
in eben dieser Nacht

Doch es hat sich nicht ergeben
denn ich war heut allein
so wünsche ich den beiden
sie mögen glücklich sein

Unten meinem Fenster
eine alte Gaslaterne
da steht ein Pärchen rum
und hat sich gar nicht gerne

Sieht aus als ob sie streiten
im ersten Tageslicht
na macht mal ruhig weiter
mich stört das wirklich nicht

Ich denk bei dem Gebrülle
ich würd jetzt auch gern schrein
denn man sieht ihnen an
es muss wohl Liebe sein

Doch es hat sich nicht ergeben
dass ich heut so was tu
nun ja so ist das Leben
- ich mach das Fenster zu

Er taugte nur einen Sommer zum Fliegen

Er war jung und er stand mit offenen Augen
erwartungsvoll staunend vor ihrer Tür
sie wusste er würde ihr alles glauben
und am Ende zahlen dafür

Ihre Hand zeigte ihm einen Himmel aus Scherben
er stürzte sich blind und lachend hinein
er wusste so wenig über das Sterben
und verlangte nichts weiter als bei ihr zu sein

Er taugte nur einen Sommer zum Fliegen
dann gab sie ihn achtlos der Erde zurück
er konnte die Schwerkraft nicht wirklich besiegen
und ging machtlos zugrunde am Glück

Berufsklatscher

Zwei Jahre Arbeitsamt
ging meist umsonst dorthin
doch seit letzten Monat
hat mein Leben wieder Sinn
Man hat mir einen Job vermittelt
weiß Gott was bin ich froh
ich arbeite jetzt wirklich
im Fernsehstudio

Ich klatsche jetzt für Gottschalk
ich klatsche jetzt für Jauch
ich klatsche jetzt für Maischberger
und für Kerner klatsch ich auch

Ich bin Berufsklatscher, Baby
ey schau mich nicht so an
ich habe keine Klatsche
man tut halt was man kann
Ich bin Berufsklatscher, Baby
ey mach mich nicht doof an
freu dich stattdessen lieber
dass ich die Miete zahlen kann

Manchmal bin ich bei Vera
manchmal bei Arabella
manchmal schlaf ich fast ein
dann klatsch ich eben schneller
Kein Gast ist mir zu peinlich
kein Thema zu banal
ich klatsche selbst für Stoiber
ist mir doch ganz egal

Ich klatsche wenn es sein muss
auch für die ganze Welt
doch nicht aus Überzeugung
ich mach es nur fürs Geld

Ich bin Berufsklatscher, Baby
ey schau mich nicht so an
ich habe keine Klatsche
man tut halt was man kann
Ich bin Berufsklatscher, Baby
ey mach mich nicht doof an
freu dich stattdessen lieber
dass ich die Miete zahlen kann

Frau Dummbrot pennt mit ihrem Hund
ich klatsche
Schweinefleisch ist ungesund
ich klatsche
Dieter Bohlen singt ein Lied
ich klatsche
Herr Großkotz hat ein kleines Glied
ich klatsche
Frau Schlau gewinnt eine Million
ich klatsche
Howard Carpendale liebt seinen Sohn
ich klatsche
Herr Lafontaine sagt Mindestlohn
ich klatsche
Frau Catterfeld liebt Howard Carpendales Sohn
ich klatsche
ein Professor sagt: Der Krieg muss sein
ich klatsche
sein Gegenüber sagt laut „Nein"
ich klatsche
Howard Carpendales Sohn liebt Erdbeereis
ich klatsche
ein Arschloch kennt sich aus mit Scheiß
ich klatsche

Romantik

Der Mond tanzt hinter knorrigen Bäumen
die einen Feldweg zum Strand hinab säumen
und dort liegen wir im weichen Sand
an einem von Menschen vergessenen Strand

Der Seewind singt uns romantische Lieder
die Wellen schäumen sanft auf und wieder nieder
es ist Sommer und nichts fehlt zum Happyend
- warum liebst du mich dann als wär ich ein Kassenpatient?

Backstage

Ein Roadie hängt verträumt am Absperrgitter
sein Fuß ahnt jeden Beat schon lang voraus
der Blick zur Bühne: Melancholisch-bitter
er weiß: Drei Songs – dann ist die Chose aus

Er nimmt die Gibson zärtlich aus dem Kasten
diese Geliebte war ihm niemals treu
er ziert sich sehr beim Streicheln und beim Tasten:
denn er entdeckt sie immer wieder neu

Und draußen auf der Bühne röhrt der Sänger
den letzten Chorus in das weite Rund
der Roadie kennt das Stück schon sehr viel länger
ihm kommt es auch viel leichter aus dem Mund

Er nimmt die Gibson und macht sich vom Acker
juristisch: Sicherlich nah am Betrug
jedoch sie war zu lang bei diesem Macker
der sie respektlos in ner Kiste trug

Zwei Liebende im Glanz der Silbersterne
er zupft die harten Jahre von ihr frei
der schlanke Hals dankt ihm den Einsatz gerne
und schreit zur Bühne hin: Arschloch good bye

An einem Strand aus Papier

An einem Strand aus Papier
lachten wir
tanzten wir
starben wir
und du spieltest dein Traumklavier
an einem Strand aus Papier

Wir falteten den Mond zusammen
und steckten uns die Sterne an
dein Blick lief fort über das Wasser
und fragte ob ich folgen kann

Wohin
wozu
und wann

Wir haben gelacht
dabei hätt ich gedacht
das Ende der Nacht
hätt uns traurig gemacht

An einem Strand aus Papier
auf weißen Wolken mit dir
und dabei waren wir
in Gedanken nicht hier

Mach den Briefumschlag auf
er ist voll mit Sand
ich sende dir meine Seele
und schick dir den Strand

Diesen Strand aus Papier
diesen Strand aus vergilbtem Papier

Ich würde gern wissen

Ich würde gern wissen
warum in Deutschland die Sonne so selten scheint
eine Frau die Maffay hört immer weint
warum Heinz Rudolf viel besser textet als ich
und ich wüsste auch gern die Wahrheit über dich

Ich würde gern wissen ob es sich lohnt
noch mal was neues anzufangen
und wen zum Teufel meinten The Who
als sie „My Generation" sangen

Ich würde gern wissen, ich würde gern wissen
warum sollen Männer im Sitzen pissen
wer würde mich wenn ich tot bin vermissen
und wie es ist Britney Spears zu küssen

Ich würde gern wissen
macht die Gesellschaft uns krank
warum sitzt Lukas Podolski nur auf der Bank
warum ist der Wal kein Fisch
und ich wüsste auch gern die Wahrheit über mich

Ich würde gern wissen ob es sich lohnt
noch mal was neues anzufangen
und wen zum Teufel meinten The Who
als sie „My Generation" sangen

Ich würde gern wissen, ich würde gern wissen
warum sollen Männer im Sitzen pissen
wer würde mich wenn ich tot bin vermissen
und wie es ist Britney Spears zu küssen

Ich würde gern wissen, ich würde gern wissen
hat Gott uns vielleicht alle beschissen

Olympische Spiele

Die jüngsten Vorfälle im Spitzensport
führten endlich zu der lang überfälligen Reform
der Olympischen Spiele

Kampfdopen steht nun ab sofort neben
Sackhüpfen, Rückwärtsmurmeln und Katzen-Weitwurf
neu auf der Liste der olympischen Sportarten

Allerdings wehren sich die Anaboliker noch vehement
mit den Epoliten
und den Ephedriniten
gemeinsam zu starten

Die Peptid-Fraktion
verhält sich in dieser Angelegenheit neutral
- getreu dem olympischen Motto -
Gedopt sein ist alles

die Gendoper haben sich noch nicht
abschließend geäußert

Golf

Golf ist der Sport der Begabten
der Ewiglächler, der Immergewinner
der Rampenlichtschweine, der Bessergeschmierten
der chefgeborenen Machtkampfbeginner

ein Superstar-Sportas-Ärzteschafttreffen
selbstverliebt-überlegen wird emsig gelocht
Golf ist der Sport der den Sportsgeist tötet
ich hab Tischtennis immer schon lieber gemocht

Und ich bin immer wieder heftig empört
wie oft man das Wort „Golf-Krieg" in den Nachrichten hört

Houston kommen

Houston kommen
wir haben ein Problem
das Universum endet
und zwar sehr extrem
Vor uns da sitzt ein Hippie
mit schulterlangem Haar
auf einer Art von Surfbrett
und lächelt sonderbar

Hinter ihm geht's nicht weiter
egal wie stark ich lenk
es wird auch an den Seiten
inzwischen reichlich eng
Nein, wir sind nicht auf Drogen
auch nicht traumatisiert
wir haben es doch selber
noch nicht so recht kapiert

Houston kommen
es wäre wirklich schön
könntet ihr uns verraten
wie soll es weitergehn
Der Bursche scheint nicht feindlich
hat uns wohl registriert
aber erweckt den Anschein
dass ihn das nicht tangiert

Ich weiß nicht ob er atmet
ich weiß nur dass er lebt
und regungslos und lächelnd
auf seinem Surfbrett klebt
Ich weiß nicht ob es Gott ist
ich denk mal eher nicht
denn er trägt lila Socken
und hat Herpes im Gesicht

Houston kommen
wir haben ein Problem
uns wird jetzt unsre Lage
allmählich unbequem
Wir können hier nicht wenden
wir kommen hier nicht raus
Houston kommen
holt uns zurück nach Haus

Paul der Psychologe

Paul ist Psychologe
dafür hat er studiert
nun kann er dir verraten
was dich so deprimiert
Er sagt es sei das Leben
darauf schießt du dich tot
du siehst Paul hatte recht
nun ist alles im Lot

Mörderhut

Erst bricht ein Mann zusammen
und darauf der Verkehr
die Sonne spiegelt sich beschämt
im silbernen Gewehr
und es ist laut dort draußen

Die Kamera dreht durch und mit
die Welt weint simultan
und wer jetzt nicht an Ostern glaubt
der hat Verfolgungswahn

Es regnet tote Präsidenten
ein Land verliert den Mut
zieht euch zurück
und nehmt den Hut
nur an den Schuhen klebt das Blut

Nur Schweigen bietet Sicherheit
nur Sicherheit ist etwas wert
wie wertvoll ist das Schweigen noch
wenn man im Panzerwagen fährt
und es ist kalt da drinnen

Die Kamera läuft heiß und weg
die Welt ist nur empört
und wer jetzt nicht die Kurve kratzt
der hat nicht zugehört

Es regnet tote Präsidenten
ein Land verliert den Mut
zieht euch zurück
und nehmt den Hut
nur an den Schuhen klebt das Blut

Die Irre

Die Irre stand entblößt vor drei Doktoren
auf einem Bein, das war sehr unbequem
man zog ihr an den Haaren und den Ohren
und diskutierte eifrig ihr Problem

Und ringsum hockten staunend die Studenten
notierten alles sorgsam auf Papier
zwei Krankenschwestern und drei Assistenten
verschoben ihre Pause wegen ihr

Ein Spezialist aus Übersee gekommen
vermaß den Abstand zwischen Kinn und Stirn
dann hat er sich ein Instrument genommen
und bohrte es ihr waagerecht ins Hirn

Er sprach von Rinde, Platten und von Lappen
hat auf Latein noch mancherlei doziert
dann wollte er was kappen und was klappen
die Irre jedoch war derweil krepiert

Eden brennt

Die Harley-Madonna öffnet ihr Haar
nur an diesem besonderen Tag im Jahr
dann sammeln sich die Soldaten am Fluss
und kämpfen um einen Kuss
Sie wirft eine blutrote Rose ins Wasser
der Himmel wird schwarz, doch der Mond wird blasser
ein Wanderer schreitet durchs steinige Tal
und die Kinderprinzessin weint wieder einmal

Ein Balg des Teufels im Feuer geboren
wer es nur ansieht ist für immer verloren
es nimmt seine Mutter zur Braut
und saugt ihr das Blut aus der Haut

Und der Narr haucht es jedem ins Ohr den er kennt:
„Eden brennt"

Entweihte Priester liegen erschlagen
für die Geier bereit in den eisigen Tagen
und hundert Galgen am Wegesrand
weisen den Weg ins Niemandsland
Der Wanderer klettert über die Leichen
und kann doch niemals das Ufer erreichen
wo die Madonna sich lachend entblößt:
„Komm in mich dann wirst du erlöst"

Und das Balg des Teufels wächst und gedeiht
im Zeichen der Schlange spürt es seine Zeit
es tötet die Mutter, es braucht sie nicht mehr
es hat stattdessen längst ein eigenes Heer

Und der Narr haucht es jedem ins Ohr den er kennt :
„Eden brennt"

Der Schlächter führt die Armee der Hölle
durch die Länder der Welt wie eine blutige Welle
und die Kinderprinzessin in ihrem Palast
wird von unvorstellbarer Kälte erfasst
Nur der Wanderer steht zwischen ihr und dem Grauen
wie lang kann sie auf seine Kraft noch vertrauen
er kniet vor ihr nieder „Herrin segnet mein Schwert
Euer Leben ist mir tausend Tode wert"

Und der Narr lacht dem Schlächter ins Ohr:
„Seht Euch vor"

Blonde Freude

Wonach stand dir der Sinn mein Weib
als du mich hintergangen
war es ein schlichter Zeitvertreib
wurde dein Herz gefangen

So wisse nun, ich leide sehr
ich leide und verstehe
mancher hält wenig, mancher mehr
von Treue und von Ehe

Bevor ich mich noch weiter plag
Tränen für dich vergeude
such ich mir noch an diesem Tag
schnell eine blonde Freude

Tage vor der Furcht

Er ist blass geworden
und die Art wie er jetzt spricht
dieses Zögern in der Stimme
kannte ich von ihm noch nicht
Auch sein Gang ist nicht der gleiche
seine Schritte die sind klein
aber wenn er lacht dann denk ich
ich bild mir das alles ein

Tage vor der Furcht
und ich entdecke kleine Zeichen
flüchtig nur und ohne Anlass
die nicht zur Besorgnis reichen

Tage vor der Furcht
und fast ein Jahr vor dem Verfall
war er mir so gegenwärtig
schien mir einfach überall
so als wollte er die Zeit besiegen
und die Uhren rückwärts drehn
Tage vor der Furcht
kann man nur lachend überstehn

Und so war der große Mann
in jenen Tagen wild und laut
schlief nicht viel und ließ mich wissen
dass er keinem mehr vertraut
weil sein eigner Pulsschlag schwindelt
und der Ausschlag im Gesicht
käme nur von den Tabletten
zu bedeuten hätt er nichts

Tage vor der Furcht
und ständig mehren sich die Zeichen
dafür dass wir schon in Kürze
einen Wendepunkt erreichen

Tage vor der Furcht
und fast ein Jahr vor dem Verfall
war er mir so gegenwärtig
schien mir einfach überall
so als wollte er die Zeit besiegen
und die Uhren rückwärts drehn
Tage vor der Furcht
kann man nur lachend überstehn

Die Bahnfahrt

Gelegentlich mag es durchaus
gute Gründe für die Bahnfahrt wohl geben
sei es weil der Wagen grad streikt
oder aus Bequemlichkeit eben

So bringt man den Abschied dann hinter sich
mit Wehmut, Tränen und Küssen
und manch einer denkt in solchem Moment
man müsste ja nicht reisen müssen

Den Koffer gehievt, die Bandscheibe quetscht
dann zieht's einen schon in die Sitze
sofort kramt man seine Zeitung hervor
und liest melancholisch die Witze

Nun also rollt der Zug langsam an
bereit der Stadt zu entschwinden
ein Anlass zur Sorge ist das wohl nicht
er wird seinen Weg sicher finden

Man schaut aus dem Fenster die Landschaft sich an
kaut an Nägeln oder auf Nüssen
und manch einer denkt in solchem Moment
man müsste ja nicht reisen müssen

Die Tür zum Abteil, ruckzuck geht sie auf
eine Frau, ein Hund und drei Gören
sie nehmen Platz, erst dann fällt der Satz:
„Ich hoffe dass wir nicht stören"

Die Gören hüpfen, sabbern und brüllen
der Hund hebt gelangweilt sein Bein
man legt sich grad wütende Worte zurecht
da schläft auch die Mutter schon ein

Das älteste Balg sülzt einen zu:
„Wo jehts hin, dat würd ick jern wissen"
und manch einer denkt in solchem Moment
man müsste ja nicht reisen müssen
Ein Kind sitzt einem schon auf dem Schoß
übergibt sich und hält sich den Bauch
der Hund macht ungerührt sein Geschäft
und man hört „Du Onkel, Bibi muss auch"

Man greift seinen Koffer und stürmt davon
besabbert, entnervt, ohne Gruß
niemals mehr Hamburg – Berlin mit der Bahn
wenn es sein muss dann lieber zu Fuß

Das Mädchen

Das Mädchen läuft herum vor meinem Fenster
sieht ständig hoch und winkt mir zu
das Mädchen läuft herum als würd es warten
und es sieht aus wie du
ja es sieht aus wie du

Das Mädchen redet lange mit den Leuten
die meisten leben schon seit Jahren hier
und wenn sie mit den Fingern auf mich deuten
hat das was zu bedeuten?
Was sagen sie von mir?

Das Mädchen scheint dem Tag die Zeit zu stehlen
ich steh nur hier und seh ihm zu
würd es jetzt gehen dann würde es mir fehlen
genau wie du
ja so wie du

Das Mädchen geht am Abend in den Garten
und legt die Beine auf den Plastiktisch
das Mädchen scheint auf irgendwas zu warten
genau wie ich
ja so wie ich

Ex

Martin geht jetzt mit der Ex von Ulli
Ulli ist dafür mit Marina zusammen
Marina ist die Ex von Peter
Peter schläft wieder mit Susi
die zwischenzeitlich mit Mario
und davor schon mal mit Peter zusammen war
also ist sie Marios Ex
und Peters ehemalige Ex Ex
Heidi, die Ex von Ulli,
die jetzt mit Martin geht
ist schon etwas enttäuscht
dass Ulli jetzt mit der Ex von Peter zusammen ist,
also mit Marina, deren Ex Franz
zwischenzeitlich schwul wurde

Ich saß gestern in der Kneipe
und trank ein Becks
da kam Marios Ex
und wir hatten Sex

Langsame Helden

Wir stoßen uns wund an alltäglichen Dingen
die uns im Regelfall furchtbar misslingen
wir greifen das Wort auf das andre verloren
und haben uns pünktliches Frühstück geschworen

Wir schleichen ums Glück wie trächtige Katzen
und blähn uns wie Airbags bis wir irgendwann platzen

Dies ist keine Zeit für langsame Helden
der Sommer ist tot und wir tanzen auf Glas
wir holen viel nach – Abitur und Affären
und haben davon mehr Bauchweh als Spaß
Dies ist nicht der Ort für schiere Verzweiflung
der Zeitgeist verlangt einen mutigen Blick
dies ist keine Zeit für langsame Helden
sie wirft uns beide um Jahre zurück

Wir suchen nach Halt in stilsicheren Phrasen
die wir was weiß ich wo mal hörten – mal lasen
wir putzen uns raus zum eignen Begräbnis
und protzen dann nachher: Was für ein Erlebnis

Wir jubeln uns hoch nur um zu erleben
dass da nichts mehr ist was wir uns noch geben

Dies ist keine Zeit für langsame Helden
der Sommer ist tot und wir tanzen auf Glas
wir holen viel nach – Abitur und Affären
und haben davon mehr Bauchweh als Spaß
Dies ist nicht der Ort für schiere Verzweiflung
der Zeitgeist verlangt einen mutigen Blick
dies ist keine Zeit für langsame Helden
sie wirft uns beide um Jahre zurück

Dies ist keine Zeit für langsame Helden
sie wirft uns beide um Jahre zurück

Heiterkeit

Heiterkeit verströmt aus Kinderaugen
stand ganz plötzlich mitten in der Welt
und sie wollte nicht so recht dran glauben
dass es ihr auf Dauer dort gefällt

Fuhr per Anhalter von Kiel nach München
und war sehr erbaut von diesem Land
mehr kann man sich wirklich gar nicht wünschen
Fröhlichkeit wohin sie sich auch wand

Arbeitslose die gar lustig lungern
Stahlhelme die es ins Ausland zieht
Menschen die gemeinsam spaßig hungern
Sport und Spiel egal wohin man sieht

Und sie schrieb nach Haus als Memorandum:
Irrte anfangs mich, es tut mir leid
denn „qoud erat demonstrandum"
Deutschland ist ein Ort der Heiterkeit

Bananenstauden

Ich bin immer noch nicht
dahintergekommen
ob diese Leute
die Bananen
staudenweise
vom Fruchthof schleppen
aus der ehemaligen
sowjetisch besetzen Zone
stammen
oder nur den letzen Schritt
der Evolution
vom Affen zum Menschen
noch nicht vollzogen
haben

Pfefferminzland

Er war ein Handelsvertreter
für Damenunterwäsche
und flötete in Mutters Ohr:
„Ich weiß wovon ich spreche
Und wenn es Ihnen recht ist
probieren wir´s mal an
die Rechnung schicken wir
dann später Ihrem Mann"

Und dieser weiche Stoff
lag gut auf ihrer Haut
da hat sie sich dem Fremden
gleich völlig anvertraut

Mit einem rosaroten Kombi
sind die beiden durchgebrannt
während Vater grad verkatert
beim Sozialamt Schlange stand
Als er abends torkelnd heimkam
stand kein Essen auf dem Herd
und ich hab so gut ich konnte
ihm die Sache gleich erklärt

Er starrte in die Glotze
tat so als gäb´s mich nicht
und ihm lief etwas feuchtes
nach unten durchs Gesicht
Ob Träne oder Speichel
ich konnt´s nicht richtig sehn
und dann hat er geschrien :
„Du Sau kannst doch nicht gehn"

Und eine Visitenkarte
lag mitten im Karton:
„Dessous von Müller – traumhaft
da fliegt man glatt davon"

Und der rosarote Kombi
stand allein im Sternenschimmer
auf dem Parkplatz vor dem Motel
und da lachte wer im Zimmer
als zwei Körper sich entdeckten
in dem weichen trüben Licht
waren die Falten Schnee von gestern
denn mit Müller gibt's die nicht

Mein Ringelnatz

Ich saß auf einer Wiese
und schrieb dort ein Gedicht
es war für Anneliese
doch die verstand es nicht

Ich warf es in die Oder
oder nen Nebenfluss
trank einen Becher Soda
und schrie: Ich mache Schluss

Da sprangst du mit ins Wasser
mit traurigem Gesicht
und hauchtest – merklich blasser –
Ich liebe dein Gedicht

Und unten bei den Fischen
war für uns reichlich Platz
hörte dich blubbernd zischen:
Mein süßer Ringelnatz

Ich will nicht klagen

Ich will nicht klagen
das Zimmer ist nett
ein geräumiger Schrank
ein bequemes Bett
und die Wände gestrichen
in freundlichem Braun
solch Atmosphäre
schafft doch Vertrauen

Die Doktoren gebildet
die Pfleger pfleglich
nur das Freizeitangebot
bisweilen recht kläglich
doch es gibt immer Kuchen
nachmittags um vier
Mama du kannst mir glauben
ich bin gerne hier

Ich will nicht klagen
der Park ist schon grün
und wie sich hier alle
um mich bemühn
das solltest du sehen
als wär ich berühmt
und auf dem Flur
sind die Tapeten geblümt

Zu essen gibt es reichlich
ich wär bestimmt fett
wenn ich mein Problem
und den Auslauf nicht hätt'
doch auch wenn ich
viel neues probier
am besten Mama
schmeckt es doch bei dir

Ich will nicht klagen
sie sind zu mir ehrlich
und sagen die Behandlung
sei nicht ungefährlich
Doch ich hab keine Angst
was kann mir schon geschehn
du hast doch seit fünf Jahren
nicht mehr nach mir gesehn

Hippokrates

Einst haben die Herren Doktoren geschworen
zunächst die Menschen zu heilen
bevor sie zum Golfplatz enteilen

doch das Handicap bei Kassenpatienten
verläuft linear zum Verfall der Renten
und der dreieinhalbfache Satz
gehört auf die Rechnung
und nicht auf den Platz

also hat man sich mal eben besprochen
und den Eid dann eilig gebrochen

und in ihrer Erklärung konnte man lesen:
Hippokrates ist halt kein Golfer gewesen

Zurück von den Sternen

Mit beiden Beinen fest auf dem Boden.
Wacklig ist uns jetzt nur noch ums Herz.
Ein wenig schmerzen mir auch noch die Hoden.
Es waren fünf schöne Tage im März.

Du schminkst dir die Lippen. Dein Zug geht in Kürze.
Ich geh vielleicht zurück ins Hotel.
Morgen bist du daheim – trägst bestimmt eine Schürze
und sicher vergisst du mich schnell.

Zurück von den Sternen – die Welt unverändert.
Wie lange rauscht wohl das Meer noch im Ohr.
Zurück von den Sternen – man macht sich da oben
wenig Gedanken und viel zu viel vor.

Was jetzt noch kommt am Ende der Reise ?
Ein Kuss auf den Mund – ein Schluck schwarzer Tee.
Du sagst noch was doch du sagst es ganz leise.
Was man nicht hört das tut auch nicht weh.

Du suchst dein Ticket. Ich zähl die Sekunden.
Irgendwo wartet ein anderer Mann.
Wir haben uns nicht wirklich gefunden.
Wir sahen uns kaum richtig an.

Zurück von den Sternen – die Welt unverändert.
Wie lange rauscht wohl das Meer noch im Ohr.
Zurück von den Sternen – man macht sich da oben
wenig Gedanken und viel zu viel vor.

Ballade vom traurigen Platzwart

Vierzig Stunden in der Woche
pflegte er den grünen Rasen
und er kannte jeden Halm
auf der Bielefelder Alm

Jedoch samstags – fünfzehndreißig
kamen ein paar junge Herren
und die jagten überall
einen runden Lederball

Meistens war nicht sehr ästhetisch
was sein Auge dort erblickte
wenn so´n Wald- und Wiesenkicker
achtlos manchen Grashalm knickte
und er hasste diese Füße
mit den Schuhen und den Stollen
jener Männer die´s nicht können
obwohl sie so gerne wollen

Und der ramponierte Rasen
nach der furchtbar wüsten Schlacht
war nicht tot – nein Gott sei Dank
nur äußerst krank

Und als Bielefeld dann abstieg
und das Städtchen Trauer trug
schrie der Platzwart laut : Hurra
nie mehr Bundesligaga

Nach der Zukunft

Immigranten aus Japan wohin wir auch blicken
sie schießen Fotos und lächeln uns tot
wer weiß was für Plunder sie hier verticken
Schwertfisch aus der Tube und atmendes Brot
Sie überschwemmen den Markt mit ihren Organen
und haben alle Knöpfe im Ohr
vielleicht kommt das Ende früher als wir ahnen
ich hab ja auch sonst nichts besonderes vor

Der Weltuntergang sucht noch nach Sponsoren
ich weiß nicht ob uns da draußen wer hört
vielleicht gab man uns schon lange verloren
wir haben jede natürliche Ordnung gestört

Ich will nichts mehr wissen
ich werd nichts vermissen
ich habe gelitten und ich habe geliebt
nun kann man nur warten
Tee trinken und raten
ob es ein Leben nach der Zukunft gibt

Man druckt schon T-Shirts mit dem magischen Datum
die Mayas haben es schon damals gewusst
Therapeuten bieten kostengünstig Beratung
man verteilt Tabletten gegen den Frust
Eine Hotline zur Deadline, eine prima Sache
sie setzen Azubis ans Telefon
wenn ich da anruf und herzhaft lache
erschießt sich der ein oder andere schon

Der Weltuntergang sucht noch nach Sponsoren
ich weiß nicht ob uns da draußen wer hört
vielleicht gab man uns schon lange verloren
wir haben jede natürliche Ordnung gestört

Ich will nichts mehr wissen
ich werd nichts vermissen
ich habe gelitten und ich habe geliebt
nun kann man nur warten
Tee trinken und raten
ob es ein Leben nach der Zukunft gibt

Ihr guten Worte

Ihr guten Worte – wo seid ihr geblieben
wer hat euch genommen – wer hat euch missbraucht
wie leicht war es einst euch ehrlich zu lieben
wie sanft hab ich euch ins Leben gehaucht

Ihr guten Worte – wer hat euch gestohlen
wer hat euch entfremdet – wer nahm euch den Zweck
heut seid ihr nichts weiter als hohle Parolen
geboren in Schönheit – gestorben im Dreck

Ihr guten Worte – wo seid ihr geblieben
was tat man euch an – was seid ihr noch wert
verändert von Heuchlern – benutzt von Dieben
entzaubert, entweiht und entehrt

Ihr guten Worte – einst wart ihr die meinen
nur sorgsam verwendet und mit Bedacht
heute jedoch bringt ihr mich zum Weinen
denn man hat euch ersetzbar gemacht

Aus Mangel an Beweisen

Morgens blickst du dir den Tag müd
suchst das Glück in einer Flasche
und ich steh hier knietief ängstlich
an dem Strand aus Schutt und Asche
fang die Botschaft ab und heule
mit den Wölfen – ich vergaß
wenn du mich vom Schlitten abwirfst
dann auch ihnen wohl zum Fraß

Wo ist unser Gang zu neuen Ufern
der das Schweigen bricht – die Wellen teilt
wer hat uns verleugnet und verraten
warum fühl ich mich noch nicht verheilt

Schuldig – aus Mangel an Beweisen
vor Liebe blind und krank
bin ich schuldig – lebenslang

Abends trinkst du dir die Welt still
steckst das Leben in die Tasche
und ich stehe hier und hoffe
dass ich etwas Glück erhasche
schipp den Staub aus deinen Träumen
hülle mich in Ungeduld
ich will sagen: Sei nicht kleinlich
doch ich meine: Du bist schuld

Wo ist dein Versprechen stummer Nähe
wo das Band das uns auf ewig eint
wie perfekt ist diese taube Leere
die mir fast wie ein Verbrechen scheint

Schuldig – aus Mangel an Beweisen
vor Liebe blind und krank
bin ich schuldig – lebenslang

Es lebte ein Kind auf den Dächern

Es lebte ein Kind auf den Dächern
den allerhöchsten der Stadt
es kannte nicht Durst und nicht Hunger –
Luft und Regen machten es satt

Ohne Eltern und Namen und Sprache
hat es auf die Menschen geschaut
es war eins mit sich selbst in der Höhe
der Sonne und dem Wind anvertraut

Und niemand erblickte es jemals
wenn es nachts über die Dächer sprang
um die Sterne am Himmel zu fangen
mit wortlosem Gesang

Es lebte ein Kind auf den Dächern
und die Menschen schienen so klein
in den lauten Straßen dort unten
Teil anderer Welten zu sein

Doch es fühlte sich trotz seiner Neugier
ihnen nicht im geringsten verwandt
und so hielt es sich sorgsam verborgen
damit niemand es jemals fand

Bei Nacht kam der Mond manchmal näher
und führte es mit seinem Licht
sicher über die steinernen Gärten
und verriet es den Menschen nicht

Es lebte ein Kind auf den Dächern
und weil kein Mensch es je sah
wäre es durchaus möglich
es ist noch da

Löwenherz

Manchmal wenn du aufwachst
und den Himmel siehst
in Gedanken vor dem Tag
und seinen Konsequenzen fliehst
dich erinnerst wer du warst
und dich fragst wer du heut bist
dann ahnst du dass der leichte Weg
nicht der deine ist

Zwischen Hoffnung und Schmerz
zwischen Lieben und Hassen
suchst du nach einer Antwort
um endlich loszulassen

Du hast ein Löwenherz
wer dich liebt kann das sehen
wer sonst hätte den Mut
über Scherben zu gehen
Du hast ein Löwenherz
niemand soll das bestreiten
und es steht dir bei
auch in dunklen Zeiten

Manchmal wenn du nachdenkst
was die Zukunft bringt
wenn das Meer in dir tobt
und der Kopf mit der Seele ringt
wenn du voran willst
und blickst doch zurück
dann ahnst du er ist weit
der Weg zum Glück

Zwischen Glauben und Trauer
zwischen Nehmen und Geben
suchst du nach einer Antwort
einem Sinn für dein Leben

Du hast ein Löwenherz
wer dich liebt kann das sehen
wer sonst hätte den Mut
über Scherben zu gehen
Du hast ein Löwenherz
niemand soll das bestreiten
und es steht dir bei
auch in dunklen Zeiten

(Für Dunja)

Schaulustige

Unsere Liebe ist ein Auffahrunfall
zwei Tote
wir sind zugleich Opfer und Schaulustige

Martha

In trockener Erde ein Marmorstein
dort meißelte man die Worte ein:
„Ruhe in Frieden und finde das Licht
Engel vergisst man nicht"

In Schlesien geboren der Vater starb früh
Mutter hatte Schwindsucht und dir blieb die Müh
fünf Mäuler zu stopfen in trostloser Zeit
ein ärmlicher Hof und kein Mann weit und breit

Dann zogen die deutschen Soldaten vorbei
an einem sonnigen Morgen im Mai
du hast sie begrüßt und scheu angelacht
und einer hat dich zur Frau gemacht

Dann kam der grausame Winter
und Mutter schlief ein
du und deine Geschwister
waren fortan allein

Und in deinem Leib
wuchs ein Baby heran
der Vater längst tot
und du ohne Mann

Dann kamen die Russen
und taten dir weh
du lagst in deinem Blut
im schmutzigen Schnee

Das Baby verloren
und du fast verreckt
doch die Geschwister
sicher versteckt

Ohne Hab und Gut
geflohen bei Nacht
hast du sie
durch den grausamen Winter gebracht

Nicht geklagt, nicht gezaudert
beladen mit Leid
brachtest du sie alle
in Sicherheit

Die Kinder gerettet
dein Leben vorbei
du starbst mit einem Lächeln
und wieder war Mai

In trockener Erde ein Marmorstein
dort meißelte man die Worte ein:
„Ruhe in Frieden und finde das Licht
Engel vergisst man nicht"

Aus der Balance

Der Mann auf dem Seil strebt emsig nach Höhe
je höher er kommt um so mehr Applaus
er klettert und klettert und sieht nicht nach unten
für mich sieht er von hier unscheinbar aus

Noch höher. Noch höher. Und noch mehr Applaus.
Längst wird er vom Rausch getragen.
Ab durch die Wolken mitten ins Weltall
und noch weiter will er sich wagen.

Die Luft dort wird dünn, doch ihn treibt der Eifer.
Von hier ist er kaum noch zu sehn.
Die Menschenmenge zerstreut sich deshalb.
Ich frag mich: Wie weit will er gehn?

Da hält er inne. Wo ist der Applaus?
Er sieht nach unten und zittert.
So hoch? Oh Gott. Er kommt aus der Balance.
Und stirbt ohne Applaus recht verbittert.

Höhere Mathematik

Einfallspinsel gleich Ausfallwinkel
und Pythagoras im Quadrat
ich kenn Wurzeln im Garten
und an den Zähnen
die zu ziehen ist nicht meine Art

Und ich erwies auch der Mengenlehre
Zeit meines Lebens nicht allzu viel Ehre
doch stand ich vorm Stadion mal im Gedränge
dachte ich: Boah, das ist eine Menge

Deshalb schimpfte Lehrer Schulze mich oft
und nannte mich: Fauler Penner
da habe ich ihn frech angegrinst:
Das ist wohl der gemeinsame Nenner

Kerosin

Auf dem Schrottplatz lebt Mareike
pennt in einem roten Wagen
und ich hör die Leute sagen:
Dieses Mädchen ist verrückt

Doch wenn ich in Sommernächten
auf dem Rücksitz bei ihr liege
ist es so als ob ich fliege
wenn sie sich kurz an mich drückt

Sie duftet so nach Kerosin
nach Pech und Schwefel und Benzin
doch ihr steht das viel besser
als Veilchen und Jasmin

Oft dreht sie das Radio leise
um die Vögel nicht zu stören
und ich kann sie reden hören
mit den Blumen und dem Wind

Und wenn ich in Sommernächten
mich mit ihr im Wellblech ducke
und in ihre Augen gucke
weiß ich dass wir glücklich sind

Sie duftet so nach Kerosin
nach Pech und Schwefel und Benzin
doch ihr steht das viel besser
als Veilchen und Jasmin

Die Einzigartigkeit der Frage

Du kannst alles über mich wissen
ohne mich im geringsten zu kennen
du kannst in fremden Universen
Sterne nach uns benennen
Du kannst mich zum Teufel schicken
oder direkt in dein Zimmer
du kannst tun was du willst
du kannst tun was auch immer

Als ob ich je eine Wahl gehabt hätte
als ob ich nicht wüsste wohin uns das führt
du hast so getan als wenn du mich nicht siehst
und mich doch viel zu tief berührt

Es ist wie es ist und es ist gut so
ich stelle mich dir und der Lage
die Dummheit einer ganzen Generation
liegt in der Einzigartigkeit der Frage
Wir sind wie wir sind und es ist gut so
auch wenn ich es kaum ertrage
die Schönheit unsres ganzen Planeten
liegt in der Einzigartigkeit der Frage

Du kannst alles von mir fordern
oder gar nichts von mir erwarten
du kannst dir wünschen was noch geschieht
oder bereuen was wir schon taten
Du kannst mich zur Hölle jagen
oder direkt in dein Leben
du kannst haben was immer du willst
und ich werd es dir geben

Als ob ich je eine Wahl gehabt hätte
als ob ich nicht wüsste wohin uns das führt
du hast so getan als wenn du mich nicht siehst
und mich doch viel zu tief berührt

Es ist wie es ist und es ist gut so
ich stelle mich dir und der Lage
die Dummheit einer ganzen Generation
liegt in der Einzigartigkeit der Frage
Wir sind wie wir sind und es ist gut so
auch wenn ich es kaum ertrage
die Schönheit unsres ganzen Planeten
liegt in der Einzigartigkeit der Frage

Mein Juli-Mädchen

Auf deinen Lippen Morgentau
und Feuer unterm Mieder
ich log für dich den Himmel blau
immer und immer wieder

Küsste dir Blumen in das Haar
und Sonne auf die Wangen
bis unsre Zeit gekommen war
und viel zu schnell vergangen

Mein Juli-Mädchen weißt du noch
die Spiele die wir spielten
viel mehr noch als was wir verloren
schmerzt mich was wir behielten

In deinen Blicken kaum noch echt
lag weder Glück noch Treue
ich bog die Wahrheit uns zurecht
an jedem Tag aufs neue

Raubte dir Lügen aus dem Mund
nur um mich selbst zu hören
und fühlte mich dabei gesund
mich langsam zu zerstören

Mein Juli-Mädchen weißt du noch
die Spiele die wir spielten
viel mehr noch als was wir verloren
schmerzt mich was wir behielten

Fluten

Ich gebe mich bedenkenlos her
treibe in deinem Meer
kann dort alles vergessen
und stirbt die Welt indessen
es kümmerte mich wohl nicht sehr

denn hier schlägt keine Stunde
ich bin jenseits der Zeit
in den Fluten deiner Weiblichkeit

Du führst meine Hände
über glühende Strände
und ich halte nie ein
so nah bei dir zu sein
ohne Hast, ohne Ende

denn hier schlägt keine Stunde
ich bin jenseits der Zeit
in den Fluten deiner Weiblichkeit

All das Wissen der Sterne
macht sich in mir breit
zugleich Nähe und Ferne
und unendlich weit
voll von Lust und von Zärtlichkeit
sind die Fluten deiner Weiblichkeit

An den Hund den ich nie hatte

Du würdest Stöckchen holen
und Männchen machen
und wenn ich schlafe
die Wohnung bewachen
Schwanzwedeln vor Freude
wenn ich erscheine
und du wärst mir treu
auch ohne Leine

und wir würden viel laufen
das wär für mich gesund
ich träum oft von dir
mein guter Hund

Lassie wär gegen dich
eine Trauererscheinung
du wärst für mich da
und stets meiner Meinung
Du würdest laut kläffen
wenn mich jemand stört
Politessen zum Beispiel
ach das wär unerhört

und wir würden viel laufen
das wär für mich gesund
ich träum oft von dir
mein guter Hund

Nachts um drei im eisigen Regen
müsste ich mich mit dir bewegen
und wenn ich dann klatschnass
dein stinkendes Häufchen vergrab
erwach ich und bin glücklich
dass ich dich nicht hab

Koma-Gedanken

Frau hör doch endlich auf zu erzählen
glaubst du denn wirklich dass mich interessiert
dass die Butter bei Bolle heut drei Cent rauf ist
und Frau Müller bald ihren Kater kastriert

So fühl ich mich auch, ohne Eier und hilflos
ausgeliefert deinem Geschwätz
warum stolperst du nicht beim Rausgehn über den Stecker
wenn du das tust dann verzeih ich dir jetzt

Diese nutzlosen Stunden die du hier vergeudest
hast du denn wirklich nichts bessres zu tun
ich fühle mich wie Gary Cooper
und wart seit drei Jahren auf den High Noon

Die Schwester die mir die Scheiße vom Arsch wischt
wär sicherlich auch lieber bei ihrem Freund
ich seh manchmal zu wenn sie sich umzieht
und was ich dann denke ist nicht böse gemeint

Lass dich doch verdammt noch mal von mir scheiden
geh doch mit dem Krause mal ins Café
du glaubst doch nicht ernsthaft bei meinem Zustand
täte solch eine Botschaft mir irgendwie weh

Ich bin eine Verschwendung von Zeit und von Geldern
und ganz ohne Nutzen für die Doktoren
bei Nacht träum ich mich fort in finstere Wälder
und ein Teil von mir bleibt dort für immer verloren

Eines Tages

Das Land sieht aus wie Selbstmord
wir kommen längst nicht mehr vor
das alles läuft wie ein Film ab
ich hab Geräusche im Ohr
Der Himmel krümmt sich vor Schmerzen
das Leben macht dumme Witze
und man fühlt sich so umzingelt
wie eine Hängende Spitze

Und mit jedem Kilometer
den der Zähler misst
kommst du näher zu dem Punkt
wo du vergisst

Eines Tages
wird uns nichts mehr von Bedeutung bleiben
und wir werden Bettelbriefe an die Zukunft schreiben
eines Tages
wird die Spreu sich vom Weizen trennen
und wir werden Gott bei einem Kosenamen nennen
eines Tages

Die Zeit singt traurige Lieder
wir spucken gegen den Wind
und fallen schneller als Regen
es ist egal was wir sind
Wir haben nichts zu bedauern
wir haben nichts zu verlieren
der Sommer redet uns ein
da wär kein Grund um zu frieren

Und mit jedem Kilometer
den das Auge frisst
kommst du näher zu dem Punkt
wo du vergisst

Eines Tages
wird uns nichts mehr von Bedeutung bleiben
und wir werden Bettelbriefe an die Zukunft schreiben
eines Tages
wird die Spreu sich vom Weizen trennen
und wir werden Gott bei einem Kosenamen nennen
eines Tages

Könnte

Könnte die Taube,
wenn sie für einen Adler sich hielte
höher fliegen?
Können wir,
die wir uns friedfertig nennen
den Krieg besiegen?

Der Zeitvogel

Eine Klinik am Stadtrand
geschlossener Raum
und der Arzt sagt zu Kim:
"Erzähl von dem Traum"
Sie sieht durch ihn durch
und weiß nicht was er meint
denn es ist kein Traum
wenn der Schatten erscheint

Das Flügelschlagen
das langsamer wird
wenn er sich in ihre Seele verirrt

Und sie schaut zu dem Mann
der davon nichts weiß
schließt ihre Augen
und flüstert ganz leis

Der Zeitvogel stirbt
es wird kalt auf der Welt
wenn sein Leib aus den Wolken
zu uns runterfällt
Der Zeitvogel stirbt
ich spür seinen Schmerz
sein Atem ist flach
und ich hör kaum sein Herz

Der Arzt gibt ihr Spritzen
und tröstet wie immer
"Keine Angst kleine Kim
es wird nicht mehr schlimmer
Wir erhöhen die Dosis
um null Komma zehn
bald bist du geheilt
keine Problem - du wirst sehn"

Das Flügelschlagen
vor seinem Gesicht
ist laut genug doch er hört es nicht

Und Kim sieht ihm an
ihm ist alles egal
doch bevor sie einschläft
sagt sie noch mal

Der Zeitvogel stirbt
es wird kalt auf der Welt
wenn sein Leib aus den Wolken
zu uns runterfällt
Der Zeitvogel stirbt
ich spür seinen Schmerz
sein Atem ist flach
und ich hör kaum sein Herz

Was ich dir hinterlasse

Was ich dir hinterlasse
wenn ich mal nicht mehr bin
sind Worte, nichts als Worte
find du darin die Sinn

Find Trost darin und Liebe
denn lieg ich erst im Grab
sind diese Worte alles
was ich noch für dich hab

Meidet die Pop-Kultur

Klampfen-Harry und Folkrock-Susanne
liegen vereint auf der Startbahn West
ihre Mission ist wichtig und heilig
ehrlich und engagiert ihr Protest
Sie schmettern Verse die furchtbar holpern
singen laut gegen das Unrecht an
mit den zwei Akkorden die sie fehlerfrei können
doch es kommt ja wohl nur auf den Inhalt an

Erst kommen die Bullen und dann ein Producer
sie kriegen Bewährung und einen Vertrag
nun stehen sie beide staunend im Studio
während ich ihnen noch mahnend sag:

Bittet meidet die Pop-Kultur
glaubt mir sie korrumpiert euch nur
lauft weiter barfuss und raucht euren Shit
doch schreibt bloß keinen Hit

Klampfen-Harry trägt jetzt ein Hawaiihemd
Folkrock-Susanne ist frisch frisiert
und für ein Foto in der neuen „Bravo"
haben sie noch mal nostalgisch posiert
vor dem Atomkraftwerk bei den Genossen
so bleibt ihr Image noch halbwegs heil
Harry schlug mit der Klampfe gegen das Werkstor
„Gott schütze das Playback – was kling ich jetzt geil"

Sie sagen den Fans wie schön dieses Land sei
und jeder könnt es hier zu was bringen
man dürfte nur nicht auf der Straße rumhängen
statt zu protestieren sollte man lieber singen

Klampfen-Harry, Folkrock-Susanne
ich seh euch im Fernsehn fast jeden Tag
und sie spielen im Radio dieses Scheißlied
und ihr hört nicht zu was ich euch immer sag

Bittet meidet die Pop-Kultur
glaubt mir sie korrumpiert euch nur
lauft weiter barfuss und raucht euren Shit
doch schreibt bloß keinen Hit

Risiko-Beitragserhöhung

Unter Berufung
auf die Allgemeinen Geschäftsbedingungen
muss der Basistarif
- auch unter Berücksichtigung der Billigungsklausel -
entsprechend Ihrem Eintrittsalter
selbst bei freiwilligen Verzicht
auf Zusatzleistungen
ungeachtet der Härtefallregelung in der GKV
gemäß der Gebührenminderungspflicht
unter Hinweis auf die Obliegenheitspflicht
des Versicherungsnehmers
im Rahmen der Beitragsanpassung
unter Beachtung der Gebundenheitsfrist
in Verbindung mit einem Risikozuschlag
angeglichen werden

Die Hunde

Der Atem geht schwer. Noch zehn Kilometer.
Die Beine sind müde. Der Rücken schmerzt sehr.
Nicht anhalten jetzt. Verschnaufen erst später.
Der Knall in der Ferne: Das war ein Gewehr.

Schon Blut in den Schuhen. Der Himmel ist rötlich.
Keinesfalls ruhen. Es ist nicht mehr weit.
Die Hunde hecheln. Die Hitze ist tödlich.
Die Meute kommt näher. Wie lange noch Zeit?

Das Bellen im Rücken. Ist das schon das Ende?
Sie wittern die Beute. Sie haben die Spur.
Zu kurz die Distanz. Offenes Gelände.
Wie weit noch zur Grenze? Gott wo bist du nur.

Sand in der Kehle. Schweiß in den Augen.
Mit dem Glück wieder mal nicht im Bunde.
Sträucher die als Deckung nicht taugen.
Jetzt sind sie da. Die Hunde.

Besuch in Leipzig

(Ein deutsches Trauerspiel in vier Akten)

I.

Früher war das viel lustiger
jetzt haben die die gleiche Schrankwand wie wir

II.

Das ist doch kein Wunder, Erwin. Rostock runter, Jena weg.
Und Cottbus hält sich auch nicht auf Dauer in der 1. Liga
Ach, gar nichts haben wir euch weggekauft, Erwin.
Die Jungs waren doch froh,
dass sie endlich im Westen kicken konnten.
Das war doch kein Fußball hier, alles von der Stasi kontrolliert.
Und im Europacup haben wir euch immer nass gemacht.
Ja, das willst du nicht hören, Erwin.
Richtige Fußballer gab es doch eh nur im Westen.
Der Müller. Der Beckenbauer. Der Ballack.
Was ??? Ein Ossi ?? Der Ballack ???? Nicht möglich.
Ist doch wurscht, Erwin. Plattgemacht haben wir euch.
Immer.
Ihr hattet doch bei Länderspielen so was von die Hosen voll.
Sparwasser ? Was ist Sparwasser ? Ach hör doch auf, Erwin.

III.

Und Lola, altes Mädchen.
Ist schon toll, dass es hier jetzt Aldi gibt, was?
Guck mal das gelbe da sind Bananen.
Die haben wir im Westen als Kompass benutzt.
Doch echt, Lola.
Die haben wir auf die Mauer gelegt
und da wo abgebissen war, war Osten. Ha, ha.

IV.

Solidaritätszuschlag ?
Kannst Du haben. Sofort. Voll in die Fresse

Spätfolgen

Rechtlich betrachtet: Gar keine Chance.
Unser Anwalt hat nur Minuten gebraucht.
Die Ursächlichkeit bleibt unbewiesen.
Überhaupt: Sie haben Jahre geraucht.

Es kann jeden treffen. Wir müssen nicht zahlen.
Das ist ein gesellschaftliches Problem.
Wir sind unschuldig an Ihren Qualen.
Außerdem: Sie waren sehr unbequem.

Wir hätten bestimmt eine Lösung gefunden
aber Sie wollten ja gleich vor Gericht.
Unser guter Ruf. Sie müssen verstehen.
Egal was geschah: So geht es nicht.

Es kann jeden treffen. Wir sind aus dem Schneider.
Die Kinder? Kann man das denn vererben?
Es steht in der Presse: Die Fabrik war ganz sauber.
Adieu. Und viel Spaß noch beim Sterben.

Manchmal wäre ich gerne verschollen

Manchmal wäre ich gerne verschollen
zwischen Himmel und Meer
wo die Wellen sanft rollen
und ich wünschte mir sehr

dass die Sonne erblindet
so dass mich niemand findet
niemals mehr

Kompetenzgerangel

Dein Herz gehört mir. Ich bewahr`s für dich auf.
Ich leg es ab unter „H".
Frag ruhig mal nach von Zeit zu Zeit.
Wirst sehen es ist noch da.

Zurück willst du es? Gar keine Chance.
Die Frist dafür ist verstrichen.
Und wenn es je solche Anträge gab
dann sind sie längst verblichen.

Wem es nun gehört? Was es hier noch soll?
Du stellst vielleicht seltsame Fragen.
Wozu ich es brauch? Was ich damit will?
Hmmm – ich kann es dir wirklich nicht sagen.

Wenn ein Schneemann dir plötzlich Eisblumen schenkt

Wenn ein Schneemann dir
plötzlich Eisblumen schenkt
kann es durchaus möglich sein
dass er sich dabei nichts denkt
doch es ist auf alle Fälle
etwas Vorsicht angebracht
weil die Liebe sehr schnell schmilzt
wenn die Sonne wieder lach

Bin ich ein Teebeutel oder was ?

Für dein süßes Zuckerlächeln
wär ich früher mal gestorben
doch ich hab mir mittlerweile
zu oft dran das Herz verdorben

Du hast mich angemacht und aufgerissen
abgekocht und weggeschmissen
bin ich ein Teebeutel oder was?

Zuerst hat mir dein Honigteil
so absolut das Hirn verrührt
aber schon nach kurzer Zeit
wurde ich heftig abgeführt

Du hast mich angemacht und aufgerissen
abgekocht und weggeschmissen
bin ich ein Teebeutel oder was?

Erst machst du mich heiß
dann machst du mich nass
bin ich ein Teebeutel oder was?

Ich war von dir wie betrunken
doch mir kam nie in den Sinn
dass dein Durst schon lang gestillt war
und ich nur dein Löffel bin

Du hast mich angemacht und aufgerissen
abgekocht und weggeschmissen
bin ich ein Teebeutel oder was?

Erst warst du feucht
dann kalt wie Eis
verdammt noch mal was soll der Scheiß?

Du hast mich angemacht und aufgerissen
abgekocht und weggeschmissen
bin ich ein Teebeutel oder was?

Erst machst du mich heiß
dann machst du mich nass
bin ich ein Teebeutel oder was

Gambit

Was tut man wenn das Volk
keine Volksmusik mehr mag
was tut man überhaupt
heute und am jüngsten Tag
Der Künstler ein Verräter
und dabei doch im Recht
morgens juckt ihn die Seele
und abends das Geschlecht

Warum ist es immer der Bauer
er ist eh schon ein armer Tropf
opfert doch lieber den König
der König braucht keinen Kopf

Ich denke also bin ich – vielleicht
ich denke nämlich dass es nicht reicht
sich so zu definieren
seid schlauer und schützt den Bauern
er hat viel mehr zu verlieren

Was tut man wenn der Geist
nur noch der Himbeergeist ist
und jeder klare Gedanke
wird aus ganzem Herzen vermisst
Das ist das Vorrecht des Künstlers
ihr zahlt dafür dass er schafft
am Morgen fehlt ihm die Stimmung
am Abend fehlt ihm die Kraft

Warum ist es immer der Bauer
er ist eh schon ein armer Tropf
opfert doch lieber den König
der König braucht keinen Kopf

Ich denke also bin ich – vielleicht
ich denke nämlich dass es nicht reicht
sich so zu definieren
seid schlauer und schützt den Bauern
er hat viel mehr zu verlieren

Lass mich vehement dafür plädieren
keine Bauern mehr zu verlieren

Gießen

Ich bitte Sie freundlichst bleiben Sie ruhig
ich müsste Sie sonst leider erschießen
sagt der Bankräuber und ich denke
So höfliche Menschen gibt es doch nur in Gießen

Vorweihnacht

Aus den Wolken trudeln müde die Sekunden
auf dem Gehsteig tobt ein Krieg im Kleinformat
Menschen haben sich im Schutz der Nacht gefunden
ihre Schritte auf dem Asphalt klingen hart
Und die Engel hinter Glas sind nur aus Pappe
weiter nichts als einfach nur Dekoration
nur ein schlechter Film - schon fällt die letzte Klappe
und die Züge quälen sich zur Endstation

Zimtverseuchte Düfte die wie Bombenpilze steigen
kleben in den Tannenzweigen die sich erdwärts neigen
und im Meer von tausend Kerzen
sind die Ängste und die Schmerzen
wie ein Spiegelbild der Welt und der Rest ist Schweigen

Maria ging für alle Zeit im Dornenwald verloren
ihr Kind bleibt ungeboren
wir werden nicht erlöst, errettet und getröstet sein
- wir sind allein

Ich hätte dir so gerne

Ich hätte dir so gerne....
nur einmal...
und noch mal…
ich weiß nicht..
wer weiß schon...
und überhaupt wieso
Vielleicht lieber doch nicht…
nicht heute...
warum nicht…
ich weiß nicht…
das läuft uns ja nicht weg…

Ich könnte vielleicht ja…
ein bisschen…
ich weiß nicht…
ach soll ich…
oder lieber nicht...

Ich hätte dir so gerne...
nur etwas…
du weißt schon…
oder vielleicht nicht…

Ich glaube ich lass es…
du denkst sonst…
ich wäre...
ach was weiß denn ich...

Ich könnte dich ständig…
doch heute
da denk ich
ich sollte lieber nicht

Ach ich glaub ich will doch

Betrachtung einer stillen Liebe

Er liebt sie von Herzen
er liebt sie mit Schmerzen
er liebt sie nur aus der Ferne

man sieht sich oft
und er hat gehofft
sie hätte ihn irgendwie gerne

Er hebt den Hut – sie senkt den Blick
und später schauen sie schüchtern zurück
verschämt, verträumt und verstohlen:
Können wir das noch mal wiederholen?

Sie liebt ihn im Stillen
doch mit festem Willen
sie liebt ihn nur aus der Ferne

und wenn sie sich nicht mühen
werden sie bald verglühen
dann sind sie erloschene Sterne

Er hebt den Hut – sie senkt den Blick
und später schauen sie schüchtern zurück
verschämt, verträumt und verstohlen:
Können wir das noch mal wiederholen?

Neigung

Ich habe mich dir zugeneigt
ein Baum mit harter Rinde
doch dir hab ich mich weich gezeigt
du sahst den Narr – das Kinde

Ich habe mich für dich verrenkt
ein Baum mit starken Ästen
für dich hab ich mich leicht verschenkt
tat es zu deinem Besten

Ich habe mich für dich gebeugt
ein Baum mit graden Zweigen
von Liebe hat mein Sein gezeugt
so wollt ich mich dir zeigen

Ich hab mich dir zugeneigt
ein Baum mit harter Rinde
du hast mir was ich bin gezeigt
nämlich ein Blatt im Winde

Rio wartet

Der kleine unscheinbare Mann
mit Mantel, Hut und Brille
schleicht jeden Morgen ins Büro
beinah in aller Stille
gräbt er sich zwischen Akten ein
und keiner kann kapieren
warum ihm soviel daran liegt
mit Zahlen zu jonglieren

Er geht nur selten vor die Tür
spricht nicht mit den Kollegen
ihm liegt nur furchtbar viel daran
die Konten zu bewegen

Und Rio wartet schon auf ihn
bald lernen sie sich kennen
er muss sich nur noch von der Last
des alten Lebens trennen
Dann trägt er keinen Mantel mehr
nur Shorts noch und Sandalen
und wird vom Geld der anderen
sein eignes Glück bezahlen

Die Frau die seinen Namen trägt
und seine Hemden bügelt
die mit ihm schimpft wenn er mal raucht
und vieles ihm verübelt
die nachts sich auf die Seite rollt
ohne ihn zu berühren
kann bald schon sehen wo sie bleibt
und selbst ihr Leben führen

Er hat schon lang genug von ihr
die Jahre waren mager
bald wird auch sie sich eingestehen
er ist doch kein Versager

Und Rio wartet schon auf ihn
bald lernen sie sich kennen
er muss sich nur noch von der Last
des alten Lebens trennen
Dann trägt er keinen Mantel mehr
nur Shorts noch und Sandalen
und wird vom Geld der anderen
sein eignes Glück bezahlen

Er plant den Coup seit Jahren schon
das Fälschen und Frisieren
ein Codewort noch am Telefon
dann kann er abkassieren

Und Rio wartet schon auf ihn
jetzt lernen sie sich kennen
er hat die Spuren gut verwischt
niemand wird sie mehr trennen

Zeiten

Ich liebe dich - sagt er-
in kommenden Zeiten
ich liebe dich - sagt er-
vielleicht morgen früh
Bemüh dich nicht - sagt sie-
ich möchte nicht streiten
ich liebe dich nicht
wird Zeit dass ich geh

Flaches Land

Das Land hier ist flacher als die Lieder im Radio
ich seh den Windrädern zu und fahre im Kreis
der Kuss einer Wölfin erweckt mich am Abend
der Tank ist leer und auf den Scheiben ist Eis
Verlorene Kinder tanzen ums Feuer
der letzte Laib Brot schmeckt nach frischem Mohn
ich folge den Blinden hinunter zum Ufer
ich bin ein Sinnbild meiner Generation

Der Tag weiß mit sich nicht viel anzufangen
die Städte sind kalt, die Straßen sind leer
eine trostlose Landschaft vernarbt nach zwei Kriegen
und blutige Flüsse fließen ins Meer

Flaches Land – so öd und eben
unstetes gebeugtes Leben
wer von hier nicht fliehen kann
der passt sich der Landschaft an

Die Menschen sprechen eine mir fremde Sprache
ich verstehe die Worte doch nicht deren Sinn
muss ich sein wie sie nur weil sie mich kennen
bin ich verflucht nur weil ich hier geboren bin
Ich singe die Lieder der schönen Zigeuner
tanze ihre Tänze, trinke ihren Wein
sie teilen ihr Wissen und ihre Liebe
ich würde so gern so rein wie sie sein

Die Nacht hält uns zu kurz nur gefangen
die Wagen fahren fort, die Wege sind breit
eine traurige Landschaft geprägt vom Vergessen
und ich finde nichts hier als verlorene Zeit

Flaches Land – so öd und eben
unstetes gebeugtes Leben
wer von hier nicht fliehen kann
der passt sich der Landschaft an

Erstschlagserklärung

„Ich bitte Sie" sagt der Minister
und wird dabei nahezu intim
„so ein Erstschlag hat auch was Gutes
und ist durchaus legitim

Weil Angriff die beste Verteidigung ist
und damit das Öl auch morgen noch fließt
es gibt tausend Gründe
und unsere Kinder
werden uns irgendwann danken
- beim Tanken"

Die Jahre vergehen wie im Flug

Im ICE zwischen Hamburg und Stade
ein junger unauffälliger Mann
im Nichtraucherabteil – er isst Schokolade
und schaut sich die Landschaft dann und wann an
Dort draußen schneit es Rosen und Kühe
denn dies ist sein höchstpersönlicher Traum
er weiß das Erwachen lohnt nicht die Mühe
er spricht mit sich selbst und atmet kaum

In seinem Ohr klingt es italienisch
doch die Batterien sind beinah leer
er versteht von der Sprache weiterhin wenig
und den Walkman mag er ohnehin nicht mehr
Er schreibt mit dem Finger ein kurzes Gedicht
auf das beschlagene Fensterglas
mehr als zehn Zeilen sind es sicher nicht
dafür ist die Scheibe zu nass

Die Jahre vergehen wie im Flug
an einem Tag wie heute
sie sind immer zu kurz und es gibt nicht genug
Orte darin und Leute

Draußen bilden sich endlose Reihen
aus Gebäuden, aus Menschen, aus Bäumen
und er zwingt sich verzweifelt nicht aufzuschreien
wenn andere seine Gedanken träumen
Autos tanzen auf schwarzen Gewässern
ihr Scheinwerferlicht wird vom Regen verschluckt
es gäbe viel zu verändern, viel zu verbessern
doch die Zeit ist nur ein Nebenprodukt

Die Wolken kommen dem Zug immer näher
die Landschaft schwankt zwischen ocker und braun
und er weiß genau später oder eher
kann er seinen Gefühlen auch nicht mehr traun
Er lehnt sich zurück und zählt die Blitze
dann schläft er mit offenen Augen ein
der Regen besiegt schließlich die Hitze
und in seinem Traum stirbt er allein

Die Jahre vergehen wie im Flug
an einem Tag wie heute
sie sind immer zu kurz und es gibt nicht genug
Orte darin und Leute

Ich hab nur Spaß gemacht

Ich bin so daneben
wie ein Tisch mit drei Beinen
ein Schaf unter Wölfen
eine Wurst unter Schweinen
Wie Dödelreim-Hartschleim
wie Schmalz ohne Stulle
wie ein Buch ohne Seiten
wie Sekt aus der Pulle

Ich fühl mich wie ein Gartenzwerg
beim Jodeln vorm Atomkraftwerk
die Stimme schwillt
der Kern vibriert
doch sonst ist weiter nichts passiert

Ich hab nur Spaß gemacht
nur Spaß gemacht
warum hast du denn nicht gelacht
Was hast du denn erwartet
was hast du denn gedacht
ich meinte es nicht böse
ich hab nur Spaß gemacht

Ich bin so daneben
wie Salz ohne Eier
Mozart ohne Kugeln
Gröne ohne Meyer
Wie ein Staat ohne Steuern
ein Fahr ohne Rad
wie der Dom ohne Köln
wie Köln ohne BAP

Ich fühl mich wie ein Gartenzwerg
beim Jodeln vorm Atomkraftwerk
die Stimme schwillt
der Kern vibriert
doch sonst ist weiter nichts passiert
Ich hab nur Spaß gemacht
nur Spaß gemacht
warum hast du denn nicht gelacht

Was hast du denn erwartet
was hast du denn gedacht
ich meinte es nicht böse
ich hab nur Spaß gemacht

Verzeihung, ich möchte nicht stören

Verzeihung ich möchte nicht stören
doch mich zwickt grade ein Lied
im Kopf, im Bauch, in der Kehle
wer weiß wohin es noch zieht

Es möchte so gerne entweichen
das ist wie ein Furz wissen Sie
man kneift zwar die Backen zusammen
doch er pfeift die Melodie

Verzeihung ich möchte nicht stören
mir sitzt grade nur etwas quer
vielleicht wollen Sie es ja hören
dann plagt es mich nicht mehr so sehr

Die Prinzessin von nebenan

Sie wohnt nicht in einem Märchenschloss
sondern im Plattenbau
hat keine goldne Krone auf
sondern ist oft schon mittags blau
Sie hat auch keine Kutsche
vor der zehn Pferde laufen
sie nimmt ihr altes Fahrrad
um bei „Lidl" einzukaufen

Kein Ritter steigt vom edlen Ross
um ihr Herz zu rauben
ihr Fernseher läuft immerzu
und sie hat müde Augen
sie hat so müde Augen

Die Prinzessin von nebenan
sucht keinen Prinzen – sie sucht einen Mann
keinen der ihr das Blaue vom Himmel verspricht
sondern der ihr nur sagt: Ich verlasse dich nicht
Die Prinzessin von nebenan
kämpft sich durchs Leben so gut sie kann
ohne Job, ohne Zukunft und ohne Halt
dabei ist sie erst knapp neunzehn Jahre alt

Sie lebt nicht in einem Märchenland
sondern in Friedrichshain
hat keinen Hofstaat der ihr folgt
sondern ist meistens ganz allein
Sie kennt auch keine Feen
die ihr was gutes wollen
und ihre Träume sind schon lang
im Häusermeer verschollen

Kein Wunder stellt sich jemals ein
und sie verliert den Glauben
dass sich je etwas ändern wird
und sie hat müde Augen
sie hat so müde Augen

Die Prinzessin von nebenan
sucht keinen Prinzen – sie sucht einen Mann
keinen der ihr das Blaue vom Himmel verspricht
sondern der ihr nur sagt: Ich verlasse dich nicht

Die Prinzessin von nebenan
kämpft sich durchs Leben so gut sie kann
ohne Job, ohne Zukunft und ohne Halt
dabei ist sie erst knapp neunzehn Jahre alt

Das Inserat

Haus zu vermieten. Drei helle Zimmer.
Sicht auf das Wasser. Blaugrünes Meer.
Garten anbei und Sonne fast immer.
Ganz abgeschieden. Wenig Verkehr.

Haus zu vermieten. Dusche und Keller.
Auch der Geräteschuppen ist frei.
Die Nächte sind klar, die Tage noch heller.
Bezug ab sofort. Miete ab Mai.

Haus zu vermieten. Drei helle Zimmer.
Sicht aus dem Wasser. Blaugrünes Meer.
Bevorzugt werden erfahrene Schwimmer.
Räume leicht feucht – Preis äußerst fair.

Haus zu vermieten. Günstige Lage.
Im Esszimmer treibt ein gläserner Tisch.
Fließend Wasser bei Nacht und am Tage.
Und bei offenem Mund stets frischen Fisch.

Unabsichtlich

Ich hab den Sinn
meines Vortrags vergessen
spiele mir stattdessen
am großen Zeh

vielleicht bin ich fröhlich
vielleicht bin ich gar nichts
vielleicht tu ich dir gut
vielleicht tut mir was weh

Ich bin unabsichtlich

Ich hab meinen Mund
zu dir getragen
um dir was zu sagen
nun fällt er mir ein

vielleicht bin ich kindisch
vielleicht bin ich ängstlich
vielleicht bin ich anders
vielleicht will ich nichts sein

Ich bin unabsichtlich

Ich hab mich versprochen
und mir was gebrochen
und wenn es nicht mein Herz ist
dann sicher mein Bein
Ich hab mich verboten
mit Schlaufe und Knoten
verbunden für dich
denn verschenkt will ich sein

Ich bin unabsichtlich

Dein Lachen ist auch nicht mehr das was es mal war

Die Küche sieht aus wie ein Schlachtfeld
der Dackel wie ein General
er wedelt mit seinem Schwänzchen
und denkt: Ihr könnt mich doch mal

Du schläfst zu lange und ich träume schlecht
und wenn wir uns streiten dann hat keiner recht
ich fand heut im Abfluss schon wieder ein graues Haar
und dein Lachen ist auch nicht mehr das was es mal war

Ein Apfel vergammelt am Fenster
wir mögen ihn beide nicht
doch er scheint sich gut zu amüsieren
schließlich hat er dort Frischluft und Licht

Du züchtest Tulpen, ich züchte Neurosen
wie wär's wenn wir um den Abwasch mal losen
oder ihn einfach stehen lassen bis nächstes Jahr
denn das Leben ist auch nicht mehr das was es mal war

Ein Klempner kämpft mit der Heizung
der Dackel beißt ihm ins Ohr
nicht einmal, nicht zweimal, nein dreimal
bis der Klempner nach Punkten verlor

Du pflegst den Klempner, ich lieber den Dackel
du würdest nicht merken wenn ich die Bude abfackel
so verliebt streichst du dem halbtoten Klempner durchs Haar
und die Liebe ist auch nicht mehr das was sie mal war

Liebe in lausigen Zeiten

Ich träume von Liebe in lausigen Zeiten
dass jemand ein Feuer für mich entfacht
und in den kleinen Ewigkeiten
zwischen Nacht und Tag meine Seele bewacht

Von einer Hand die meine nicht loslässt
einem guten Geist der Besitz von mir nimmt
einer schweigenden Zuversicht die mich befällt
wenn in den Dämmerstunden die Welt verschwimmt

Ich träume von Mut in mutlosen Zeiten
von einer Hoffnung die nie von mir lässt
einer Ahnung vom Glück, einen Hauch von Erkenntnis
was auch immer es sei – ich halte es fest

Einem Herzschlag der dem meinen nicht fremd ist
einer Stimme der noch die Wahrheit vertraut
ein sanftes Schweben in friedliche Sphären
vereintes Empfinden, warm, Haut an Haut

Ich träume von Liebe in lausigen Zeiten
von einer Gewissheit die nie von mir weicht
ich träume von Liebe in lausigen Zeiten
die auch für die guten Zeiten noch reicht

Wo der Hund begraben liegt

Ein schmaler Streifen Grün zwischen S-Bahn Gleisen und Kanal
sie pflanzt Radieschen und Tomaten und er gießt ab und an schon mal
oder stutzt am Sonntagmorgen in Boxershorts die Hecken
und hofft dahinter etwas zu entdecken
dass es dort noch gestern nicht gab
eine Truhe voll Gold, Angelina Jolie oder Jesus' Grab

Und die vier fiesen Krähen im Apfelbaum
lachen vielleicht über seinen Traum
oder wundern sich warum er nicht fliegt
dort wo der Hund begraben liegt

Im Nachbargarten auf dem Grill
langweilt sich ein Stück Schweinefleisch
vier fette Kinder spielen Ball, ihr Opa träumt vom Dritten Reich
daneben auf der Durchfahrtsstraße steht ein farbenblindes Reh
und hält die Gänseblümchen am Straßenrand für Klee

Die vier fiesen Krähen lachen sich krumm
und schauen sich nach allen Seiten um
ob irgendwo noch ein Dichter um eine Ecke biegt
dort wo der Hund begraben liegt

Und man spürt kaum etwas von dem Wind
der sich an die Birken schmiegt
dort wo der Hund begraben liegt

Manchmal fehlt es an allem

Es gibt Probleme wohin man auch blickt
kein Mensch scheint nicht in Probleme verstrickt
mal mangelt es an Einsicht und mal an Kompetenz
mal liegt es an der Regel oder an der Potenz

Doch meistens ist das Geld schuld
und fast genauso oft die Liebe
Ob man allein auf einer Insel
wohl ewig glücklich bliebe

Wohl nur so lange die Kokosnüsse reichen
denn sonst gibt's ja vom Speiseplan nicht allzu viel zu streichen

Manchmal fehlt es an allem
manchmal fehlt es an einem
manchmal fehlt es zum Glück nur an Bier
manchmal fehlt es an allem
manchmal fehlt es an einem
manchmal fehlt es ganz einfach an dir

Es gibt Probleme wohin man auch schaut
mancher spricht zu leise und mancher zu laut
mal mangelt es an Pflege, mal an Intelligenz
und wie ich schon sagte: Oft an der Potenz

Doch meistens ist der Staat schuld
und fast genauso oft man selber
wären Ferkel vielleicht glücklicher
wären sie stattdessen Kälber

Wohl nur so lange bis der Schlachter sie packt
dem ist doch ganz egal was er grade zerhackt

Manchmal fehlt es an allem
manchmal fehlt es an einem
manchmal fehlt es zum Glück nur an Bier
manchmal fehlt es an allem
manchmal fehlt es an einem
manchmal fehlt es ganz einfach an dir

So ein blutiges Liebeslied
hätte ich nie geschrieben
wärst du bei mir geblieben

Schulmedizin

Sie versprechen dir Heilung und ein langes Leben
neue Organe wollen sie dir geben
es kostet dich nichts als eine Unterschrift
und schon trinkst Du Satans Gift
Ich weiß keiner von uns kommt wirklich davon
in den Händen der Hure von Babylon
wir sind schmutzig und unrein und ohne Gewissen
und ich lege dir eine Rose aufs Kissen

dann geh ich hinaus in den blutroten Morgen
um Zigaretten und Benzin zu besorgen
und ich kehre nicht um, ich spiele das Spiel
so sind die Regeln, so lautet der Deal

Schulmedizin darauf kannst du wetten
kann deinen Arsch vor der Hölle nicht retten
wir sind einfach dran, wir sind viel zu alt
unser Blut ist längst kalt

Du weißt dass alle Straßen in der Wüste enden
wo schöne Gaukler deine müden Augen blenden
und jemand kam den langen Weg von Nazareth
und wacht die ganze Nacht an deinem Totenbett
Ich weiß keiner von uns kann diesem Ort entfliehn
wo uns die Schatten gierig ins Verderben ziehn
wir waren dumm, wir haben es ja so gewollt
nun bleiben uns nichts weiter als die Rose und der Colt

dann gehn wir dahin wo uns niemand helfen kann
dort fängt die Zeit des Leidens und des Feuers an
und ganz egal wie sehr wir um Erlösung flehn
wir werden niemals mehr das Licht des Himmels sehn

Teufel im Detail

Ich und der Teufel im Detail
führen manch langes Wortgefecht
man kann sehr wohl darüber streiten
ob das nun gut ist oder schlecht
Wir baumeln immer überm Abgrund
an einem mächtig dünnen Seil
doch können nicht ohne den andren
ich und der Teufel im Detail

Ich und der Teufel im Detail
liefern uns einen langen Kampf
momentan führt er noch nach Punkten
aber ich mach ihm mächtig Dampf
Er schlägt mir manche tiefe Wunde
doch auch er ist nicht mehr heil
wir passen wie die Faust aufs Auge
ich und der Teufel im Detail

Ich und der Teufel im Detail
wir kennen uns zu lange schon
er lebt in dieser Nische
zwischen Stümperei und Perfektion
Er inspiriert und er frustriert mich
wenn ich an den Worten feil
wir beide werden niemals Freunde
ich und der Teufel im Detail

Station IV

Hab Blumen mitgebracht
weiß du kannst sie nicht brauchen
frag nicht: Wie geht es dir?
frag nur: Darf man hier rauchen?

Sag: Du siehst besser aus
besser als letztes Mal
du weißt das ist gelogen
doch ist das nicht egal

Wird schon wieder werden
sag ich dir ins Gesicht
Wird schon wieder werden
- wird es eben nicht

Du weißt wo wir sind
das ist Station IV
nur hoffnungslose Fälle
lagern sie hier
Ein befristeter Parkplatz
ein Zwischendeck nur
für das letzte Ticken
der zersprungenen Uhr

Hab dir Obst mitgebracht
Vitamine tun gut
sag: Die Sonne scheint
und: Verlier nicht den Mut

Dass sonst keiner kommt
ist nicht böse gemeint
sie gehn halt lieber baden
wo doch die Sonne grad scheint

Wird schon wieder werden
sag ich dir ins Gesicht
Wird schon wieder werden
- wird es eben nicht

Du weißt wo wir sind
das ist Station IV
nur hoffnungslose Fälle
lagern sie hier
Ein befristeter Parkplatz
ein Zwischendeck nur
für das letzte Ticken
der zersprungenen Uhr

Bewaffnet

Ich bin bewaffnet
mit Stift und Papier
doch ich schieße nicht scharf
dafür bin ich nicht hier

Aus eurem Papierkrieg
halt ich mich heraus
ich mal hinterher
das Schlachtfeld bunt aus

Umdrehungen pro Minute

Meine Waschmaschine macht
1000 rpm
mein Plattenspieler
33 1/3

Ich habe sie gekreuzt

Jetzt singen die Stones
keine schmutzigen Lieder mehr
und klingen
wie Micky Maus

Eins von deinen Blättern

Die Streifenhörnchen hinter dicken Schilden
regeln die Meinung und auch den Verkehr
dies ist kein Platz um sich weit fortzubilden
ein jeder Lufthauch schreit nach Gegenwehr

Ich möchte hier nur durch, ich will nicht bleiben
ich trage keine Waffen, keinen Stein
will meinen Namen nicht auf Listen schreiben
ich will nur pünktlich auf der Arbeit sein

Doch du stehst da mit deinen jungen Jahren
und einem Batzen Blätter in der Hand
ich will von deren Inhalt nichts erfahren
ich leb nicht wirklich schlecht in diesem Land

Auch die Parolen die hier alle flöten
wollen mir nichts sagen, ich will einfach fort
der Asphalt ist schon langsam am Erröten
dies ist nicht rechte Zeit, nicht rechter Ort

Als dann ein Schlagstock deinen Schädel spaltet
und jeder sagt du wärst selbst schuld gewesen
hab ich eins von den Blättern schnell gefaltet
und ich verspreche dir: Ich werd es lesen

So viel mögliche Poesie

Manchmal wünschte ich
- natürlich nicht in echt! -
in meinem Kopf
wär ein Drahtgeflecht

um die kostbaren Gedanken
drinnen zu behalten
dann würden nur die anderen
sich frei entfalten

Neid ist die Schwester der Liebe

Du hast mich für einen anderen verlassen
und sagst nun du würdest meine Neue hassen
keiner der dich hört ist geneigt dich zu verstehn
dabei ist die Wahrheit leicht zu sehn

Weißt du worauf ich das schiebe ?
Neid ist die Schwester der Liebe

Kinderstars

Kinderstars die erwachsen werden
sind einfach nur noch peinlich

das gilt für
Shirley Temple
und erst recht
für Heintje

Wären sie ernsthafte Künstler gewesen
hätten sie sich bei Beginn der Pubertät
umgebracht

Die Einsamkeit des Langstreckenläufers

Die Häuser haben traurige Gesichter
der Himmel ist aus nacktem kalten Stein
im Regenmeer brechen sich tausend Lichter
die Luft redet dir Atempausen ein

Im Asphalt schwimmt ein Bild von deinen Beinen
Konturen formen sich und treiben fort
die Erde mag dir noch so rund erscheinen
am Horizont da fließt sie einfach fort

Denn wenn du läufst dann gibt es nur dich selber
du ringst der Zeit ein leichtes Lächeln ab
doch selbst wenn du dir einen Schritt voraus bist
ist dir der Vorsprung immer noch zu knapp

Die Wolken wiegen sich wie weiche Laken
die Erde wirft sich hart in deinen Schritt
die Schattenbäume haben Widerhaken
du schleppst die Wunden vieler Schlachten mit

Die Ferne brennt sich schwer in deine Glieder
die Augen suchen Trost im Blick nach vorn
du kämpfst den müden Hauch der Zweifel nieder
du gibst nicht auf – du gibst dich nicht verlorn

Denn wenn du läufst dann gibt es nur dich selber
du ringst der Zeit ein leichtes Lächeln ab
doch selbst wenn du dir einen Schritt voraus bist
ist dir der Vorsprung immer noch zu knapp

Billig-Blau

Ein Haus wie aus Glas – oh fröhliche Heimat
in jeder Ecke steht schon mein Gesicht
ein Duft von Orangen in Papiertaschentüchern
doch meine Bücher die gibt man mir nicht

Ein Arzt schweigt den Tag tot
ich werd zum Verräter
an ihn und der Menschheit
jetzt oder später

Billig-blau lockt der Ausblick
auf elastische Wände
und ich träume mir Brände
ins Zentrum der Zeit
Ich weiß mich erwartet
eine Belohnung
und etwas Schonung
für ein „Tut mir leid"

Nicht im Traum – nicht im Traum – nicht im Traum

Ein Haus wie aus Glas – oh heimlicher Frohsinn
ich lache so laut bis der Umriss zerbricht
was ihr Stahlträger nennt sind menschliche Knochen
und meine Bücher brauche ich nicht

Ich kenn jedes Wort
und ich erfinde
ein neues für euch
wenn ich hier verschwinde

Billig-blau lockt der Ausblick
auf elastische Wände
sie haben kein Ende
- nicht in dieser Welt
Ich geh fort in mich selbst
ihr könnt mir nicht folgen
dort gibt es kein Blau
und das Glashaus zerfällt

Hier geblieben

Hier geblieben! Sie kommen nicht raus
Wie ungewohnt: Offene Grenzen
dies ist ein Mehrparteienhaus
und man darf seine Pflichten nicht schwänzen

Sie haben auf Lebenszeit hier eingemietet
und trotz mancher Leiche im Keller
denken wir dass es der Anstand gebietet
dass Sie zahlen auf Pfennig und Heller

Hier geblieben! Sie kommen nicht weg
Wie ungewohnt: Nirgends sind Mauern
am eigenen Stecken klebt reichlich Dreck
irgendwann werden wir Sie bedauern

Man darf hier frei wählen – Sie müssen verzeihen
die Umstände sind nicht die Besten
Sie baten uns nicht darum Sie zu befreien
und wollten nichts wissen vom Westen

Hier geblieben ! In unsrer WG
Wir werden Sie herzlich betreuen
Ihnen geht's gut – uns tut´s noch weh
Werden Sie jemals bereuen ?

Der Nebel

Mit sechzig die ersten Symptome
er hat sich dabei nichts gedacht
es war ja auch beinah alltäglich
nichts was nicht jeder mal macht

Einen Geburtstag vergessen
einen Namen oder ein Gesicht
das kann doch jedem passieren
so schlimm ist das nicht

Der Verfall kam schleichend
und es gab kein Mittel dagegen
heute fragt er sich oft
Wo ist mein Leben

Der Nebel ist grausam und immer präsent
kriecht durch die Gedanken und saugt permanent
wie ein Schwamm die Vergangenheit auf
und dahinter nimmt die Dunkelheit ihren Lauf

Die Frau neben ihm eine Fremde
sie zeigt ihm Fotographien
auf denen sie beide gemeinsam sind
doch er möchte nichts weiter als fliehn

Irgendwohin wo es einsam ist
und wo keiner von ihm verlangt
dass er sich für jede Gefälligkeit
mit schlechtem Gewissen bedankt

Der Verfall schreitet fort
und es gibt kein Mittel dagegen
heute fragt er sich oft
Hatte ich je ein Leben

Der Nebel ist grausam und immer präsent
kriecht durch die Gedanken und saugt permanent
wie ein Schwamm die Vergangenheit auf
und dahinter nimmt die Dunkelheit ihren Lauf

All die guten Worte und die Tabletten
können ihn nicht vor der Dunkelheit retten
und er weiß irgendwann vergisst er sogar
dass er überhaupt je gewesen war

Boxerweisheit

Der Trainer sprach zum Boxer:
Du brauchst dich nicht zu schämen
denn schon die Bibel weiß
Geben ist seliger als Nehmen

Mike hat ein Auge aus Glas

Ein Halloween-Grinsen im Morgenprogramm
und ein Mädchen malt sich eine Spur zu bunt an
Vor dem Haus steht ein Porsche und im Garten der Tod
doch ein Reiter am Zaun rückt die Dinge ins Lot

"Weine nicht Kind" sagt der Blechdosenmann
"alles hört einmal auf und fängt doch wieder an"

Der Käfer lachte
als die Krähe ihn fraß
und ich sah Mikes Blick
den ich niemals vergaß

Mike hat ein Auge aus Glas
wenn die Sonne rein scheint
sieht es aus als ob er weint

Ein Auffahrunfall um knapp dreizehn Uhr
und überall Blut aber sonst keine Spur
Im Park liegt ein Spiegel ein Lächeln klebt drin
es will gern heraus doch weiß nicht wohin

"Weine nicht Kind" sagt der Blechdosenmann
"alles hört einmal auf und fängt doch wieder an"

Die Krähe kreischte
als der Stiefel sie trat
und ich sah Mikes Blick
mit der Krähe gepaart

Mike hat ein Auge aus Glas
wenn die Sonne rein scheint
sieht es aus als ob er weint

Gegenverkehr

Mitten auf der Straße träumt ein herrenloser Hund
von der leeren Rasenfläche drüben in dem kleinen Rund
und er möchte die paar Schritte scheinbar allzu gerne wagen
weil sich keiner findet ihn dorthin zu tragen

denn es mangelt hier an Freiraum und an grünem Ampellicht
und für herrenlose Hunde bremsen Autofahrer nicht

Er bellt aus purer Gegenwehr
mitten in den Gegenverkehr
er rennt, er jappst, er fällt
Scheiß – Welt

Mitten auf der Straße liegt ein totgefahrner Hund
und man wirft ihn von der Fahrbahn auf das kleine grüne Rund
Ziel erreicht möchte man meinen – aber bitte doch nicht so
hundert Autos hupen wütend – um den Hund weint nur ein Floh

der betäubt dort in der klaffend tiefen Wunde klebt
er hat durch ein Wunder überlebt

Er schimpft aus purer Gegenwehr
mitten in den Gegenverkehr
er springt, er spuckt, er fällt
Scheiß-Welt

Tempolimit

Das versuchsweise Tempolimit
hat sich durchaus bewährt
wir haben unser Bett deshalb
zur verkehrberuhigten Zone erklärt

Wachsmalstifte

Pferdeköpfschattenspiele
wenig/mehr/und doch zu viele
Akrobatenseiltanzschritte
vor/zurück/und durch die Mitte

Schach dem kranken Kind im Kopf
rüttel/schüttel/ und klopf klopf

Gebt mir bunte Wachsmalstifte
anders kann mein Herz nicht sprechen
will damit nicht Bilder malen
will sie kauen und zerbrechen

Nachtgedankenschweigestunden
roter Faden nicht gefunden
Plastikwürfelminusaugen
Zahlen die nicht zum Zählen taugen

Schach dem kranken Kind im Kopf
rüttel/schüttel/ und klopf klopf

Gebt mir bunte Wachsmalstifte
anders kann mein Herz nicht sprechen
will damit nicht Bilder malen
will sie kauen und zerbrechen

Gebt mir stiftbebunte Wachse
dreht mich um die eigne Achse
trennt mein´ Namen nicht mit Silben
paart den Speichel mit den Milben

Gebt mir tiefverscharrte Glieder
brecht mir nicht den Ton der Lieder
packt mich nicht in weißen Schutt
macht mich nicht mehr putt putt putt

Unvermittelbar

30 Jahre krumm gemacht auf der Werft in Bremerhaven
jetzt ist alles dicht und die Kräne schlafen
Seitdem trinkt er viel, kommt oft spät nach Haus
und sagt seinem Spiegel: Mit Wracks kenn ich mich aus

Die Dame vom Amt ist gebildet und nett
und sie bedauert dass sie wieder nichts hätt'
Aber in dem Alter das sei sonnenklar
wär einer wie er unvermittelbar

Wie ein Stempel, wie ein Zeichen, eine Narbe auf der Haut
wie ein Vorwurf der im Raum steht, unausgesprochen laut
brennt sich dieses Wort tief in ihn ein
er will nicht mehr unvermittelbar sein

Nicht im Traum hätt' er an so was je gedacht
morgens stets der Erste, niemals blau gemacht
„In die Hände spucken" war seine Devise
was zum Teufel kann er denn für die Wirtschaftskrise

Das Ersparte aufgebraucht, jeden Cent ab jetzt umdrehn
und am ersten jeden Monats in der Schlange stehn
er trägt schwer an der Gewissheit sein Alter wäre eine Hürde
und er fragt die Dame ernst: Was ist mit meiner Menschenwürde

Wie ein Stempel, wie ein Zeichen, eine Narbe auf der Haut
wie ein Vorwurf der im Raum steht, unausgesprochen laut
brennt sich dieses Wort tief in ihn ein
er will nicht mehr unvermittelbar sein

Die Liebe ist ein Einzelkind

Die Liebe ist ein blödes Gör
es treibt sie hin, es treibt sie her
kein Wunder dass es mir echt stinkt
wenn dann noch jemand von ihr singt

Viel lästiger als ein Infekt
und jeder Mensch wird angesteckt
ich finde Seuchen fies und schlecht
drum ist die Liebe mir nicht recht

Warum ist bloß niemand immun
man muss doch was dagegen tun

Die Liebe ist ein Einzelkind
für das Reale völlig blind
verwöhnt, verzogen und verehrt
kein Wunder wenn sich niemand wehrt
Die Liebe ist ein Einzelkind
und wie halt solche Bälger sind
nutzt sie jede Gelegenheit
einfach aus reinem Zeitvertreib

Die Liebe ist ne dumme Sau
glaubt mir ich kenne sie genau
sie lebt sich aus ganz ungehemmt
und keine Bosheit ist ihr fremd

Da hab ich lieber Ohrenweh
oder einen verstauchten Zeh
und ganz egal was sie verspricht
ich weiß sie hält es sicher nicht

Warum steht mir bloß keiner bei
haun wir die Liebe doch zu Brei

Die Liebe ist ein Einzelkind
für das Reale völlig blind
verwöhnt, verzogen und verehrt
kein Wunder wenn sich niemand wehrt
Die Liebe ist ein Einzelkind
und wie halt solche Bälger sind
nutzt sie jede Gelegenheit
einfach aus reinem Zeitvertreib

Die Liebe ist ein Einzelkind
weiß jemand wer die Eltern sind
die ist doch so total verschlampt
ruf bitte wer das Jugendamt

Die Liebe ist ein Einzelkind
für das Reale völlig blind
verwöhnt, verzogen und verehrt
kein Wunder wenn sich niemand wehrt
Die Liebe ist ein Einzelkind
und wie halt solche Bälger sind
nutzt sie jede Gelegenheit
einfach aus reinem Zeitvertreib

Tragische Liebe in Moll

Er war ein Künstler dem es nicht behagte
ein Leben lang im Rampenlicht zu stehn
so kam es dass er sich der Welt versagte
um in die Einsamkeit zurück zu gehn

Sie war ne Dame der es nicht behagte
den Männern stets die Köpfe zu verdrehn
so kam es dass sie irgendwann verzagte
sie wollte diese Blicke nicht mehr sehn

Und ohne dass die beiden sich je trafen
landeten sie doch an dem gleichen Strand
und suchten dort nach ihrem Seelenhafen
wie schade dass man sich dabei nie fand

Eine tragische Liebe
auf einem fernen Atoll
sie spielte mit Muscheln
er spielte in Moll
Doch der Wind trug sein Lied
leider knapp ungefähr
einen Meter an ihr vorbei
und fort übers Meer

Er schwelgte stets in unerfüllten Träumen
und sehnte sich nach einem warmen Kuss
sie sah die Brandung wild und heiser schäumen
und schlürfte Milch aus einer Kokosnuss

Die beiden trennte nur ein Kilometer
zwei Klippen und ein urig dichter Wald
vielleicht trifft man sich früher oder später
oder man wird allein und einsam alt

Und selbst wenn sich die beiden niemals sehen
so haben sie doch für sich selbst entdeckt
die Liebe -und das mag wer will verstehen-
die sie nicht haben ist beinah perfekt

Asche im Tee

Wir sitzen hier in deutlicher Abwehr
verkrampft bis zum Kopf hoch und meiden das Licht
die Worte die unsere Lippen verlassen
verdampfen uns sofort im Gesicht

Du zerknüllst unbewusst die Serviette
ich zermalme die Kekse so klein ich nur kann
und wir sehn uns nur über den Umweg
im Glas der dreckigen Scheibe an

Die Asche im Tee schwamm auch schon mal besser
und wir waren jünger beim letzten Mal
damals gab es hier wenigstens saubere Messer
doch wir sind nicht hungrig – also ist es egal

Wir sitzen hier und scheuen den Erstschlag
Waren die Stühle schon damals so tief ?
Vielleicht sollten wir es einfach verschieben
und schicken uns stattdessen einen Brief

Der Kellner will sicher heut auch noch nach Hause
und in einer Stunde fährt der letzte Bus
ich zahle die Rechnung – du holst meinen Mantel
wir machen einfach ein andres Mal Schluss

Sie nahm nichts mit

Ich schau aus dem Fenster
und seh eine Stadt
die sich seit zwanzig Jahren
kaum verändert hat
Schön ist an ihr
zweifelsfrei die Fassade
doch sie riecht alt
und schmeckt fade

Ich sehe den Schritten
einer Frau hinterher
und frag mich warum fällt ihr
das Fortgehen schwer

Sie nahm nichts mit, sie ließ nichts hier
die Erinnerung fühlt sich an wie Papier
erst ein leeres Blatt voller Möglichkeiten
und dann nur ein Spielball vergangener Zeiten
Sie nahm nichts mit, sie ließ nichts hier
die Erinnerung fühlt sich an wie Papier
am Ende mit Nichtigkeiten beschrieben
und ein unerfülltes Versprechen geblieben

Ich schau aus dem Fenster
und seh eine Welt
die sich nur sehr mühsam
auf den Füßen noch hält
Sie ist grau und träge
und unerhört weit
und bietet uns nichts
außer der Wirklichkeit

Ich sehe den Schritten
einer Frau hinterher
und frag mich warum fällt mir
das Bleiben so schwer

Sie nahm nichts mit, sie ließ nichts hier
die Erinnerung fühlt sich an wie Papier
erst ein leeres Blatt voller Möglichkeiten
und dann nur ein Spielball vergangener Zeiten
Sie nahm nichts mit, sie ließ nichts hier
die Erinnerung fühlt sich an wie Papier
am Ende mit Nichtigkeiten beschrieben
und ein unerfülltes Versprechen geblieben

Sex-Bomben

Auf einem Bierdeckel schrieb ich
für dich ein Gedicht
warf es quer durch den Raum
doch du mochtest es nicht
„Zu ernst" sagtest du
und das will was heißen
in einer Welt wo Sturmtiefs
wie Frauen heißen

Sie warfen Sex-Bomben ab
auf die hungrigen Jungen
wir haben noch mehr getrunken
und lauter gesungen
Wir hatten Möglichkeiten
und auch einen Plan
doch auf Gottes Erde
wurde schon alles getan

Nur nicht von uns
nicht in diesen Zeiten
wo wir uns gerade
von der Jugend befreiten
und uns verloren
in diesem tödlichen Licht
von uns ist nichts geblieben
nur mein Gedicht

Der Mann den es nicht gibt

Er steht an der Bar und nickt dir zu
sein Blick ist aus flüssigem Feuer
er ist mit dem Tod auf du und du
und wer mit ihm spielt zahlt es teuer
Er spricht fünf Sprachen und sieht gut aus
und ernährt sich von Delikatessen
wo er sein Jackett hinwirft ist sein Zuhaus
und sein bester Freund heißt Smith & Wesson

Unter dem Kaschmir sind Muskeln aus Stahl
und er fährt immer schnittige Wagen
er lebt nach eigenen Regeln und eigner Moral
und wenn er was hasst sind es Fragen

Er liebt das Überraschungsmoment
es gibt keinen Trick den er nicht kennt
und er bleibt namenlos selbst wenn er dich liebt
der Mann den es nicht gibt

Du gehst ihm nach, er redet nicht viel
du sehnst dich nach seinen Armen
du weißt für ihn ist es nur ein Spiel
ohne Gnade und ohne Erbarmen
Er wirft dich aufs Bett, sein Körper ist heiß
sein Mund bricht schnell deinen Willen
du weißt er gibt sein Geheimnis nie preis
doch vermag deine Sehnsucht zu stillen

Als du erwachst ist er schon längst fort
doch du kannst ihn noch in dir spüren
einer wie er gibt niemals sein Wort
und wird sein Herz nicht verlieren

Er liebt das Überraschungsmoment
es gibt keinen Trick den er nicht kennt
und er bleibt namenlos selbst wenn er dich liebt
der Mann den es nicht gibt

Ist er ein Killer, ist er ein Agent
du würdest es zu gerne wissen
doch er ist der Mann den niemand kennt
und dir bleibt nur sein Abdruck im Kissen

Er liebt das Überraschungsmoment
es gibt keinen Trick den er nicht kennt
und er bleibt namenlos selbst wenn er dich liebt
der Mann den es nicht gibt

Der Liebe stille Stürme

Der Liebe stille Stürme
hast du in mir entfacht
die Worte die ich türme
sind stärker als die Nacht

Sind größer als wir beide
je waren, werden, sind
und wenn ich von dir scheide
dann legt sich auch der Wind

Ganz der Alte

Ich glaub, ich wäre besser nicht gekommen
ich ahnte es schon in der Wohnungstür
hab damals von dir zu viel mitgenommen
sag darum oft: Ich kann doch nichts dafür

Du thronst noch immer wie ein fetter Kaiser
auf deinem Platz neben der Fensterbank
und sprichst auch keineswegs ein wenig leiser
dein Anblick macht mich immer noch ganz krank

Ganz der Alte
ganz der verbohrte Mann
dem sein Kind
nie etwas recht machen kann
ganz der kalte
herzlose, mürrische Greis
der von Liebe und Güte
nicht das mindeste weiß
ganz der Alte

Noch immer gewohnt harsch zu befehlen
noch immer der Herrscher in deinem Haus
noch immer gewillt alle boshaft zu quälen
doch die Untertanen gehen dir langsam aus

Nur die kleine Frau kann sich noch nicht wehren
und lernt es im Leben wohl nie dich zu hassen
meine eigene Scham ist leicht zu erklären
es war falsch sie mit dir hier alleine zu lassen

Ganz der Alte
ganz der verbohrte Mann
dem sein Kind
nie etwas recht machen kann
ganz der kalte
herzlose, mürrische Greis
der von Liebe und Güte
nicht das mindeste weiß
ganz der Alte

Ich glaub, ich wäre besser nicht gekommen
ich wusste es schon in der Wohnungstür
ich bin auch nur wegen Mutter gekommen
und nicht wegen dir

Mein schönstes Gedicht

Ich ließ so vieles ungesagt bleiben
wollte deshalb von meiner Liebe dir schreiben
und gilt auch jeder Gedanke stets dir
so taugt er wenig steht er auf dem Papier
und trotzdem gehört dir mein schönstes Gedicht
Ich schrieb es noch nicht

Aufwachen

Ich wach auf und bin nicht mehr am Leben
mich umhüllt ein warmes weiches Licht
meine Seele kann sich frei erheben
und des Daseins Schwere folgt mir nicht

Vor der Kirche

Ein Goldhamster und ein Elefant
- ein indischer wie ich das sehe -
beschlossen spontan einfach so aus dem Stand
den heiligen Stand der Ehe

Die Braut ganz in Weiß sehr elegraziös
der Hamster mit Stock und Zylinder
der Polterabend wirklich pompös
das war Liebe – das sah selbst ein Blinder

Der Pastor jedoch war nicht sehr erbaut
fand den Plan nicht elefantastisch
er wurde vor Ärger regelrecht laut
und in seiner Wortwahl sehr drastisch

Die Braut war sauer und fuhr aus der Haut
und versuchte es mit Trompeten
hätte sie mal besser zu Boden geschaut
so war der Bräutigam sehr betreten

Mit keinem Bein im Leben

Einer
der mit keinem Bein
im Leben steht
ist womöglich
einer
der nicht mehr
aus deinem Leben geht

Abgehoben

Ich bin inzwischen
so abgehoben
ich muss gestehn
ich kann
den Boden der Tatsachen
schon lang nicht mehr sehn

Ein Haus auf dem Land

Wir liefen durch die zugeschneite Altstadt
in einem Kaff im Norden irgendwo
die Kneipen hatten alle schon geschlossen
man fand nicht einmal ein beheiztes Klo

Frank hatte ein paar selbstgedrehte Fluppen
und ich ne halbe Flasche roten Wein
wir deckten uns mit Pappe zu am Marktplatz
und in nem Hauseingang schliefen wir ein

Wenn alle von der großen Stadt erzählen
dann regnet es mir hart in den Verstand
ich träum von einem Mädchen ohne Flausen
und einem Haus weit draußen auf dem Land

Der Dorfsheriff trat mir hart in die Seite
„Wir mögen Vagabunden bei uns nicht"
ich schlug zurück in etwas fettes weiches
und weiß nicht war es Arsch oder Gesicht

Die Pritsche in der Zelle war nicht nobel
doch wenigstens war es da drinnen warm
Frank sagte dass sein Bruder Anwalt wäre
und sehr versiert mit eben solchem Kram

Wenn alle von den breiten Straßen reden
dann schaue ich betreten an die Wand
ich träum von einem Hund der übern Deich rennt
und einem Haus weit draußen auf dem Land

Der Richter war im Grunde gar nicht übel
er sprach von mir sogar als seinem Sohn
und als wir unsre Taschen vor ihm leerten
ließ er uns laufen ganz ohne Kaution

Am Bahnhof stand ein Güterzug zur Abfahrt
wir sprangen direkt in den Viehwaggon
egal wohin die Gleise uns auch führen
wir kommen wenigstens noch mal davon

Wenn alle von den hellen Lichtern schwärmen
dann spucke ich mir in die leere Hand
ich träum von Kindern die auf Wiesen spielen
und einem Haus weit draußen auf dem Land

Schöne Stadt

Es gibt einen Bahnhof mit einem Kiosk
da stehn alte Männer um einen zu saufen
man kann da zur Not auch eine Zeitung
Zigaretten oder Kaugummis kaufen

Und wenn ein Zug kommt sehn fremde Gesichter
gelangweilt aus dem Fenster hinaus
es gibt keinen Grund hier auszusteigen
man lädt meistens nur die Postsäcke aus
Ich fahr mit dem Fahrrad über die Gleise
der Kies knirscht dann leise
und ich komm kaum vom Fleck
ich hab fast vergessen
Zeit zum Abendessen
vielleicht komm ich morgen ein Stück weiter weg

Dies ist eine schöne Stadt
das kann man schon sagen
gefaltet passt sie in einen Prospekt
den kann man an alte Menschen verschicken
und schreiben
dass man hier glücklich verreckt

Es gibt einen Teich – da sind sogar Enten
und schenkt man ihnen ein Vollkornbrot
posieren sie für ein romantisches Foto
schnabelumschlungen vorm Abendrot

Im Park sitzen Rentner und sprechen mit Blumen
ich weiß nicht ob die so scharf darauf sind
sie kräuseln die Blätter, kriegen dicke Hälse
und hängen die Köpfchen genervt in den Wind

Ich fahr mit dem Fahrrad über den Rasen
ich hab solchen Phasen
da werd ich ganz wild
man darf hier nicht liegen
keinen Grashalm verbiegen
das steht hochamtlich auf einem Schild

Dies ist eine schöne Stadt
das kann man schon sagen
gefaltet passt sie in einen Prospekt
den kann man an alte Menschen verschicken
und schreiben
dass man hier glücklich verreckt

Es gibt eine Schule die darf man besuchen
dort lernt man wie man im Leben besteht
man darf dort nicht rauchen, nicht dösen, nicht fluchen
und wehe man kommt fünf Minuten zu spät

Menschen stehn abends vor ihren Häusern
gießen die Blumen, schauen über den Zaun
ob alles in Ordnung ist bei den Nachbarn
man kann seinem Nächsten hier blind vertraun

Dies ist eine schöne Stadt
das kann man schon sagen
gefaltet passt sie in einen Prospekt
den kann man an alte Menschen verschicken
und schreiben
dass man hier glücklich verreckt

Made in Taiwan (nicht bei IKEA)

Wenn Du Packung öffnen hast
du schaust dleißig Schlauben
etwas Plastik und zehn Bletter
das geht besser als du glauben

Linke Hand gleift gloßes Blett
lechte Hand gleift kleine
und mit Zehen schlaubst du dann
das andle an das eine

Lehnst du dich an lechte Wand
hältst mit Zähne fest
klopfst von unten auf die Blett
das ist fast die Lest

Made in Taiwan – nicht bei IKEA
du blauchst null Mut und Schlaubendleher

Stellst du Ganzes einfach auf
feltig ist die Schlank
Galantie gibts keine dlauf
fül die Kauf hab Dank
Und wenn du zu dusslig bist
oder hast kein Glück
mach doch einfach Blennholz dlaus
Geld gibts nicht zulück

Linke Hand gleift gloßes Blett
lechte Hand gleift kleine
und mit Zehen schlaubst du dann
das andle an das eine

Made in Taiwan – nicht bei IKEA
du blauchst null Mut und Schlaubendleher

Mein bester falscher Freund

Was soll so ein Tag mir schon bringen
wo selbst der Wind sich nicht mehr bewegt
und der Mond über hungrigen Städten
deinen Namen in die Nacht hinaus trägt

Man kommt mit sich selbst nur ins Reine
wenn man vergisst
du weißt nur zu gut was ich meine
ich weiß nur zu gut was du bist

Ich hab dich nicht um Beistand gebeten
ich bin mutiger als es scheint
das muss man auch sein wenn man dich kennt
mein bester falscher Freund

Du liegst lauernd dem Glück auf der Tasche
ich lauf dauernd ein Stück hinterher
ich bin farbenblind, du bist lichtscheu
doch ich weiß von dir noch viel mehr

Man kriegt so etwas nur auf die Reihe
wenn man vergisst
aber glaub bloß nicht ich verzeihe
dir alles das was du nicht bist
Ich hab nicht um Beischlaf gebeten
ich hab um dich nicht geweint
das darf man nicht tun wenn man dich kennt
mein schönster falscher Freund

Immer noch dieser zornige Mann

Greta lud uns ein
zu einer Runde Bier und Wein
quatschen über alte Zeiten
bisschen lachen – bisschen streiten

und auch du warst da wie früher
Haare schulterlang und grau
mit der gleichen scharfen Stimme
und wohl schon ein wenig blau

Immer noch dieser zornige Mann
der glaubt dass die Welt ihn am Arsch lecken kann
kein bisschen leiser
und kein bisschen weiser
man sieht dir den Weltschmerz noch immer gleich an

Es sind die aufgewärmten Geschichten
von denen die leiden und denen die richten
von denen die kämpfen und denen die schweigen
doch worum geht es wirklich – was willst du uns zeigen

Mao ist tot und die APO vergessen
der Kampf ist vorbei – das Terrain ist vermessen
also hör auf mich damit zu erschöpfen
lass uns lieber noch ein paar Flaschen köpfen

Immer noch dieser zornige Mann
der glaubt dass die Welt ihn am Arsch lecken kann
kein bisschen leiser
und kein bisschen weiser
man sieht dir den Weltschmerz noch immer gleich an

Immer noch dieser zornige Mann
das ist nur Attitüde – sieh dich doch mal an
mit Säbeln zu rasseln
die Stimmung vermasseln
kein Wunder dass man dich nicht mehr leiden kann

Wie Kafka, nur kleiner

Das Urteil verkündet
das Schloss nicht gefunden
und wie ein Insekt
zu Tode erschreckt
sich vor Scham und Schande gewunden

Du weißt was ich meine
wenn ich rede und weine
und hilfst mir zu vergessen
Es gibt kein Land mehr zu vermessen

Die Sprache kommt
und ich weiß nicht woher
in mir ist nichts weiter
als ein endloses Meer
und ich hab Zeit meines Lebens getan
als wär ich der Stille Ozean

Die Worte bluten
mir schwillt das Gewissen
ich sehe den Abdruck der Zeit
auf dem Kissen
und auch du kommst an mir nicht weit
tut mir leid

Wie Wasser nur reiner
wie Kafka nur kleiner
wie Erde und Mensch und Licht
alles das bin ich nicht

Die Sprache kommt
und ich weiß nicht warum
am liebsten bliebe ich
lebenslang stumm
denn ich war viel zu sehr
wie das Tote Meer

Die Sprache brachte mich um

Tiefe

Wieder einmal sich dem Glück verweigert
nichts daraus gemacht
sich mit vollem Vorsatz, ohne Rücksicht
um den Lohn gebracht

Dann das Taumeln und das Fallen
diese bittersüße Schwere
in die Ferne, in die Sterne
in dich selbst und in die Leere

Tiefe – ist da wo dich keiner mehr hält
wo du nichts mehr spürst von der Welt
Tiefe – ist da wo kein Weg dir mehr bleibt
wenn sie dir deine eigenen Untiefen zeigt
Tiefe ist ein grausames Tier
Tiefe ist Zeit deines Lebens in dir

Wieder einmal sich dem Glück entzogen
nichts dabei gedacht
sich mit vollem Eifer, ohne Einhalt
aus dem Staub gemacht

Dann das Wanken und das Stürzen
diese bittersüße Schwere
in die Ferne, in die Sterne
in dich selbst und in die Leere

Tiefe – ist da wo dich keiner mehr hält
wo du nichts mehr spürst von der Welt
Tiefe – ist da wo kein Weg dir mehr bleibt
wenn sie dir deine eigenen Untiefen zeigt
Tiefe ist ein grausames Tier
Tiefe ist Zeit deines Lebens in dir

Immer dieses Wissen
um das jederzeit Bereite
aus dem Rahmen fallen
in die Weite

Global gesehen

Die Welt ist schön
denn ich hab morgen frei
ich würde gern ins Strandbad gehn
und du nach Paraguay

Man kann ja über alles reden
doch deinen Standpunkt kenn ich schon
du wirst beim Streiten immer laut
und ich hab ne Schilddrüsenfehlfunktion

Global gesehen
ist es doch fast das gleiche
na los geh doch nach Paraguay
wenn ich dir nicht mehr reiche
Global gesehen
bist du dann trotzdem da
Paraguay und das Strandbad
sind sich global ganz nah

Die Welt ist schlecht
denn ich muss ins Büro
und du schreibst mir aus Chile
da denk ich mir: So so

Erst große Töne spucken
von wegen Paraguay
und dann doch nur nach Chile
du und deine Prahlerei

Global gesehen
macht's keinen Unterschied
ob es einen nach Chile
oder zur Arbeit zieht
Global gesehen
bist du noch immer da
denn mein Büro und Chile
sind sich global ganz nah

Nur noch lachen

Ich will nicht sitzen
bei Männern mit Bäuchen
im Garten bei Altbier
und Jugend vortäuschen
- niemals

Und auch nicht an Schläuchen
im Krankenhauszimmer
an jedem Tag beten:
Herr mach es nicht schlimmer
- niemals

Ich will eine Göttin vögeln
mein Kleingeld versaufen
die Sterne ansehn
an einem Strand entlang laufen
und dann einfach umfallen
und gar nichts mehr machen
nur Frieden mit der Welt
....und dann lachen
nur noch lachen

Ich will nicht sparen
für kommende Jahre
im Schaukelstuhl sitzen
mit schneeweißen Haaren
- niemals

Und auch nicht verkümmern
in ängstlichem Schweigen
anstatt so wie heute
die Zähne zu zeigen
- niemals

Ich will eine Göttin vögeln
mein Kleingeld versaufen
die Sterne ansehn
an einem Strand entlang laufen
und dann einfach umfallen
und gar nichts mehr machen
nur Frieden mit der Welt
....und dann lachen
nur noch lachen

Ich will nicht wissen
was gut für mich ist
den Blutdruck beachten
und all diesen Mist
- niemals

So wie ich lebte
will ich auch sterben
und dieser Welt
meinen Stolz nur vererben
- sonst nichts

Ich will eine Göttin vögeln
mein Kleingeld versaufen
die Sterne ansehn
an einem Strand entlang laufen
und dann einfach umfallen
und gar nichts mehr machen
nur Frieden mit der Welt
....und dann lachen
nur noch lachen

Werd nie kriechen im Staub
wie die ängstlichen Wanzen
und holt mich der Teufel
werd ich mit ihm tanzen

Der Junge der ich mal war

Ich seh ihn im Spiegel
hätt ihn fast nicht erkannt
aber er hat mich gleich beim Namen genannt

Ich sage: Geh fort
doch er lacht mich nur aus
denn er ist genau wie ich hier zuhaus

Der Junge der ich mal war

Er sagt: Ich glaube
du hast ein Problem
du bist ernst und spießig und wirst viel zu bequem

Ich schrei ihn an:
Was kümmert das dich
geb mir selbst die Antwort: Er ist ja ich

Der Junge der ich mal war

Ich hab Angst vor ihm
werde zornig und barsch
doch er grinst mich an: Ich tret dir in den Arsch

Der Junge der ich mal war

Er sagt: Ich hab mich gar nicht gefreut
dich wiederzusehn in diesem Zustand heut
du ahnst nicht wie betrüblich es ist
mal der Mann zu werden der du bist

Glück

Ein Mann zeigt sich von seiner besten Seite
- sehr einfach wenn man reichlich davon hat -
die Frau jedoch sucht kurzerhand das Weite
das Wunder findet also heut nicht statt

Ich bin ein Schuft weil ich im Stillen jubiliere
ja ich missgönnte ihm von Herzen diesen Fang
weiß nicht ob ich mein Glück bei ihr probiere
zunächst jedoch sag ich dem Schicksal Dank

So nah – so dicht – so beinah beieinander
wir drei an diesem Tisch – dem guten Stück
der Augen Blicke kreisten umeinander
und fanden etwas herrenloses Glück

Ein Glück das sich vom nahen Tresen neigte
uns neckte, rief und lockte zuckersüß
das sich recht vorteilhaft ganz unumwunden zeigte
und uns dann völlig unverhofft verließ

Die Dame fort und der Galan betroffen
die Gläser leer – und das Gefühl vertraut
ich nehme teil an seinem klammen Hoffen
dass man dem Glück erneut ins Auge schaut

Vielleicht schon morgen hier an diesem Tische
kann´s sein dass es uns wieder sehr bewegt
wir werden weiter zappeln wie die Fische
wenn uns die Gunst der Stunde sanft erschlägt

Ich denke oft an Hanna im April

Der Mann der mich im Spiegel grüßt
ein Fremder ohne Namen
ich ahne wohl er treibt es wüst
beim Spiel und mit den Damen

Und reiche ich die Hand ihm hin
womöglich zur Versöhnung
steht ihm nach Handel noch der Sinn
und das bedarf Gewöhnung

Ich denke oft an Hanna im April
und höre meine Stimme deutlich schwören
ein besserer Mensch zu sein – das ist es was ich will
darum geh ich um dein Herz nicht zu zerstören

Der Mann der mich im Spiegel misst
trägt glänzende Gewänder
wobei er schnell und gern vergisst
er ist ein Narr – ein Blender

Und biete ich die Stirn ihm dann
dem finsteren Gesellen
dann sieht er mich voll Mitleid an
und lässt sich nicht verprellen

Ich denke oft an Hanna im April
und höre meine Stimme deutlich schwören
ein besserer Mensch zu sein – das ist es was ich will
darum geh ich um dein Herz nicht zu zerstören

Ich weiß nicht was sie in mir sah
beim Blick in mein Gesicht
sie ging mir immer viel zu nah
fast dass der Spiegel bricht

Ich denke oft an Hanna im April
und höre meine Stimme leise sagen
wieder bei dir zu sein – das ist es was ich will
doch wage ich nicht dich danach zu fragen

Gelegentlich sollte man reisen

Gelegentlich sollte man reisen
ohne Plan und erst recht ohne Ziel
zu Fuß, zu Bus, auf Gleisen
Gepäck bitte sehr nicht zu viel

Zahnbürste und einen Slip vielleicht
den Rest den kann man sich borgen
oder kaufen sofern die Knete noch reicht
doch jetzt los – nicht warten auf morgen

Nicht reservieren und keinem was sagen
nur rein in die Schuhe und los
ab und an muss man einfach was wagen
die Welt ist schön und auch groß

Gelegentlich sollte man reisen
alleine der Anfang ist schwer
danach lässt es sich leicht beweisen:
Kein Gedanke mehr an Wiederkehr

Geliebtes Herz

Geliebtes Herz der Erde angetragen
ein jede Zeit hat endlich ihren Schluss
was gibt es noch zu sagen, noch zu fragen
wo ich dich schließlich gehen lassen muss

So weit – so gut – so schön

Judas sprach zu Jesus:
„Alter nimm es nicht so eng
wenn ich dich in Kürze linke
sondern sieh es als Geschenk
denn wir Künstler haben leider
ein ureigenes Problem
man mag uns erst wenn wir tot sind
das ist äußerst unbequem

Heute kräht kein Hahn nach dir
aber morgen schon dreimal
und darum hab ich zu deinem Wohl
keine andre Wahl"

So weit – so gut – so schön
genauso ist´s geschehn
so schön – so weit – so gut
man weiß wofür man´s tut
so gut – so schön – so weit
alles zu seiner Zeit
soso

Jesus sprach zu Judas:
„30 Kröten nennst du Lohn
das reicht grad mal ein paar Wochen
denk mal an die Inflation
Mich so billig zu verraten
kränkt doch mächtig meinen Stolz
dafür hängt sich meines Wissens
niemand tagelang ans Holz

Schreib ich meine Memoiren
kommst du ganz schlecht dabei weg
ich werd heilig und unsterblich
doch von dir spricht man als Depp"

So weit – so gut – so schön
genauso ist´s geschehn
so schön – so weit – so gut
man weiß wofür man´s tut
so gut – so schön – so weit
alles zu seiner Zeit
soso

Der Herr im Himmel sagte :
„Ich mag euch beide nicht
der eine faselt was von Silber
und der andere vom Licht"

So weit – so schlecht
na ja

Widerrechtlich abgestellt

An so manchem Tag
- der noch weniger als ich vom Erwachen hält -
komme ich mir vor wie ein Auto:
Widerrechtlich abgestellt

Zweite Haut

Ich weiß du wirst mich nicht verlassen
dein Herz geht meine Wege mit
mein Glück in Worte kaum zu fassen
du hältst so einfach mit mir Schritt

Wenn es dir gut geht kann ich lachen
wenn es dir schlecht geht klag ich laut
ich kann dagegen gar nichts machen
du bist wie meine zweite Haut

Wäre grün plötzlich blau

Wäre grün plötzlich blau
was würden wir schaun
ich weiß es genau
uns selbst nicht mehr traun

Auf dem Himmel da würden
plötzlich Leute liegen
und Flugzeuge stattdessen
auf Wiesen fliegen

Da käme der Frühling
und wär plötzlich blau
da denkt man sich doch:
Was für eine Sau

Bevor so etwas geschieht
und man sich selbst vergisst
ist mir doch lieber
alles bleibt wie es ist

Der Schrankenwärter

Er sitzt in seinem Häuschen
oder davor im Garten
den lieben langen Tag
verbringt die Zeit mit warten

Er wartet auf die Züge
hat ihre Zeit im Kopf
und wenn sie sich dann nähern
drückt er auf einen Knopf

Dann fällt die Schranke runter
und rötlich glimmt das Licht
die Züge sausen durch
sehr spannend ist das nicht

Danach die Schranke hoch
und knapp zwei Stunden warten
um den erwähnten Vorgang
von neuem dann zu starten

Er wacht bei seiner Schranke
egal bei welchem Wetter
und so stellt er sich vor:
„Heinz Krause – Lebensretter"

Ich habe mich verlaufen

Ich habe mich verlaufen
ich kann dich nicht mehr sehn
wollt Zigaretten kaufen
was ist mit mir geschehn
Die Straßen wurden breiter
mit jedem neuen Schritt
und ich ging immer weiter
doch dich nahm ich nicht mit

Ich habe mich verlaufen
dies ist ein fremdes Land
ging nur kurz einen saufen
schon war mein Kopf verbrannt
Die Worte wurden leichter
das Leben wurde klar
mein Gestern schien mir seichter
als es wohl wirklich war

Ich habe mich verlaufen
bin ohne Ziel und Mut
aber mir dämmert langsam
nie ging es mir so gut
Ich habe mich verlaufen
ich komme nirgends an
ich geh nur einfach weiter
so weit und gut ich kann

Ich habe mich verlaufen
es wird schon langsam hell
ich fange an zu schnaufen
vielleicht ging ich zu schnell
Hier draußen zahlt man teuer
für jede Art von Glück
das Leben scheint mir neuer
ich komm nicht mehr zurück

Ich habe mich verlaufen
bin ohne Ziel und Mut
aber mir dämmert langsam
nie ging es mir so gut
Ich habe mich verlaufen
ich komme nirgends an
ich geh nur einfach weiter
so weit und gut ich kann

Widersprich mir wenn du kannst

Da stehst du nun zwischen Abschied und Zukunft
man setzt hohe Beträge auf deinen Verstand
du pustest die Kerzen mit einem Zug aus
jemand drückt dir den Schlüssel zum Glück in die Hand

Dann wirft man dich aus dem Haus, in das Leben
und auf deinem T-Shirt steht: „Frei"
die besten Jahre ziehen schneller als Punk-Songs
an deinem inneren Auge vorbei

Ich weiß du hast längst jeden Boden verloren
unter den Füßen ein blutleeres Land
du schweigst dich beständig um jedes Bekenntnis
dein Schatten wird kleiner mit dem Rücken zur Wand

Ich weiß du bist fertig
ich weiß du hast Angst
widersprich mir doch wenn du kannst

Du meidest die Sicherheit von Horoskopen
und neidest der Welt jeden Wetterbericht
die Sternenkarten die du lange studiert hast
haben einen Fixpunkt doch du findest ihn nicht

Weil dein Kleinwagen sich jeder Ausfahrt verweigert
quälst du dich im Herzen todkrank
auf der Kriechspur dorthin wo du Sonne vermutest
durch die trostlosen Orte im Land

Dein Traumkonto leer, niemand gibt dir Kredit mehr
du ziehst dich am eigenen Schopf in den Sumpf
die Pillen versagen und an manchen Tagen
sprichst du mit dir selbst und dein Ausblick wird stumpf

Ich weiß du bist fertig
ich weiß du hast Angst
widersprich mir doch wenn du kannst

Ich weiß du bist fertig
ich weiß du hast Angst
los widersprich mir doch wenn du kannst

Früher hast du nie (sagt er)

Dass sie sich heut treffen
muss ein Zufall sein
er will etwas sagen
viel fällt ihm nicht ein

Früher hast du nie sagt er
die Haare kurz getragen
früher hast du nie sagt er
ein Küsschen abgeschlagen
Früher hast du nie sagt er
ein gutes Buch gelesen
früher bist du nie sagt er
zu mir so kalt gewesen

Früher hast du nie sagt er
früher hast du nie
früher hast du nie sagt er
nein ganz sicher nicht

Früher hast du nie sagt er
zum Essen Wein bestellt
früher hast du nie sagt er
getan was dir gefällt
Früher hast du nie sagt er
die Nägel dir lackiert
früher warst du nie sagt er
an mir nicht interessiert

Dass sie sich heut trafen
macht nicht sehr viel Sinn
er redet wie immer
sie hört nicht mehr hin

Früher hast du nie sagt er
früher hast du nie
früher hast du nie sagt er
nein ganz sicher nicht

Früher hast du nie sagt er
doch da hat sie gelacht
Früher hast du nie sagt sie
über mich nachgedacht

Dein Hund

Dein Hund pisst nen Mercedes an
und sofort brüllt erregt ein Mann
ob er denn nicht woanders kann

Er könnte doch er will nicht
das ist ein guter Grund
ich kenn das und versteh es
drum mag ich deinen Hund

Er bellt oft doch er beißt nicht
und tickt meist nicht ganz rund
wir haben viel gemeinsam
drum mag ich deinen Hund

Ich geh zu dem erregten Mann
und piss an den Mercedes ran
da grinst dein Hund mich freudig an

Feine Hände

Er war ein Kerl, einsneunzig fast
und er hat nicht zu ihr gepasst
denn sie war sanft und er war roh
doch manchmal spielt das Leben so
Sie setzte ihn nicht vor die Tür
dabei war er nie gut zu ihr
manchmal sieht man einfach nicht ein
Liebe kann wirklich grausam sein

Sie ist ne kleine Frau
aber im Herzen groß
und ihn zu lieben
war ein schweres Los

Feine Hände waren sich nie zu fein
in der Not sein Halt zu sein
Feine Hände schufteten hart
sie klagte nie – das war nicht ihre Art

Er soff und schlug sie himmelblau
und sie wusste auch ganz genau
dass er sie ständig hinterging
und niemals wirklich an ihr hing
Sie stand ihm trotzdem immer bei
und klopfte mal die Polizei
hat sie ihr Leiden nicht verkürzt
sie sagte dann: Ich bin gestürzt

Sie ist ne kleine Frau
aber im Herzen groß
und ihn zu lieben
war ein schweres Los

Feine Hände waren sich nie zu fein
in der Not sein Halt zu sein
Feine Hände schufteten hart
sie klagte nie – das war nicht ihre Art

Er taugte auch als Vater nicht
hielt nichts von Anstand und von Pflicht
und was sie jahrelang ertrug
brach aus als er die Tochter schlug

Feine Hände waren sich nicht zu fein
am Ende dann sein Tod zu sein

Ich bin nicht aus dem Holz
aus dem man Helden schnitzt

Ich bin nicht aus dem Holz aus dem man Helden schnitzt
tauge nicht für den Kampf, fürs Salutieren
als man den Mut verteilte bin ich abgeblitzt
man wollte es mit mir wohl nicht riskieren

Ich bin nicht aus dem Holz aus dem man Helden schnitzt
ich zieh nicht in den Krieg, will nicht krepieren
ich bin der, der schon beim Gedanken daran schwitzt
ich will mein Leben leben – nicht verlieren

Ich bin nicht aus dem Holz aus dem man Helden schnitzt
hab weder Stahlskelett noch breiten Rücken
schaffe es grade mal mich wendig und gewitzt
wenn Unheil droht klammheimlich zu verdrücken

Ich bin nicht aus dem Holz aus dem man Helden schnitzt
ich mag das auch gar nicht so recht bedauern
wer sich nach vorne drängt anstatt beizeiten flitzt
den wird die Mutter früher wohl betrauern

Ich bin nicht aus dem Holz aus dem man Helden schnitzt
das will ich meinen Kindern auch vererben
will dass kein Orden je an ihren Jacken blitzt
kein Kind verdient fürs Vaterland zu sterben

Die Menschheit

Mit juckendem Fell – von wegen der Flöhe –
hockten sie einst in den Bäumen
um dort in der luftigen Höhe
kühn vom Fortschritt zu träumen

Einer der aus Zufall sich reckte
- oder war es göttlicher Zwang? –
egal; jedenfalls er entdeckte
dabei den aufrechten Gang

Daraus resultierend sah man schon bald
all die erleuchteten Affen
Abschied nehmen von ihrem Wald
um weitere Wunder zu schaffen

Inzwischen sind sie bestens bestückt
mit Feuer und Handy und Klo
die Weiterentwicklung scheint fraglos geglückt
doch sind die Affen nun froh ?

Ständig glotzen sie Television
um von der Wildnis zu träumen
im Unterbewusstsein dämmert es schon:
Schöner war es auf den Bäumen

Meer aus Asche

Dies muss ein Meer aus Asche sein
sagte der Greis zu mir
und stürzte in die Fluten
ich blieb alleine hier
Die Sonne über mir am Himmel
ging auf und wieder unter
und ab und zu da warf sie auch
ein wenig Licht zu mir hinunter

Ich las in alten Büchern
von einem der mir glich
er stellte sich wie ich es tat
die Frage: Warum ich ?
Die letzten Seiten fehlten
doch war das Ende klar
ich hob die Hand zum Gruß
obwohl dort niemand war

Aus der Lava krochen Kröten
an das Tageslicht hinaus
und sie spien ihre Gedärme
und ihre faulen Seelen aus
Würmer wälzten sich im Sand
Geier stürzten auf die Knochen
ich warf mein Herz ins Meer
und das Meer begann zu kochen

Dies muss ein Meer aus Asche sein
sagte das Kind zu mir
und ich spürte während es verschwand
wie ich allmählich den Verstand verlier
Vor meinen Augen tanzten Bilder
ich war ein Teil der Büffelherde
und während alles um mich starb
grub ich mich ein in die Erde

Blut lief aus meinen Wunden
ich trank davon zu viel
meine Haut wurde zu Stein
und ich wurde zum Reptil
Ich wälzte mich in der Asche
mein Blick war tot und leer
ich war kein Mensch mehr
und ich kroch zurück ins Meer

Herr Peters vom Postamt

Herr Peters vom Postamt den kenne ich gut
wenn wir uns sehen packt mich gleich die Wut
Er steht arrogant hinter dem Schalter
und ist saudumm sogar für sein Alter

Er trägt die Mütze tief in der Stirn
warum steht da nicht drauf : „Vorsicht kein Hirn"
Er zeigt lachend auf mich und mein Paket
und dann auf die Uhr : „Zu schwer und zu spät"

Herrn Peters vom Postamt
kann keiner leiden
sogar seine Olle
ließ sich von ihm scheiden
weil er sie stets wog
mit ernstem Gesicht
und dann immer befand:
„Leider Übergewicht"

Er hat ein Gesicht zum Eier abschrecken
und taugt grad dafür Marken anzulecken
Wenn er sich bewegt dann knirscht der Rost
doch wer bewegt sich schon bei der Post

Herrn Peters vom Postamt
kann keiner leiden
er ist von einem Postsack
nicht zu unterscheiden
Irgendwann werd ich
ganz furchtbar ausrasten
dann falte ich ihn
und steck ihn in den Kasten

Warum noch schreiben ?

Warum noch sprechen unter all den Tauben
warum noch gehen wo kein Weg mehr ist
warum noch immer an Erlösung glauben
warum noch immer sein wo du nicht bist

Warum noch immer bleiben
warum noch immer schreiben
?
Vielleicht weil man sich selber sonst vergisst

Der dreibeinige Tanzdackel

Kein Auge bleibt trocken
kein Herz ungerührt
wenn der Mann auf der Bühne
seinen Dackel vorführt
diesen traurigen Dackel
mit eben jenem Blick
den er ebenso beherrscht
wie manch seltsamen Trick

Ein schauriges Schauspiel
er hebt die drei Beine
er tanzt durch die Luft
und bleibt doch an der Leine
und der Mann kriegt Geld
der Dackel Applaus
und dann wackeln und dann dackeln
sie gemeinsam nach Haus

Ich bin ein Personalpronomen

Ich hab mir eine Vorsilbe
ganz sauber abgetrennt
damit sie meinen Konjunktiv
nicht immer Plural nennt

Mein Subjekt konjungiert sich
schneller als ich es kann
und nimmt ganz unverhofft
urplötzlich Verbform an

Ein Beistrich und ein Bindewort
liefen heut der Grammatik fort
ich werde sie nie wiedersehn
und kann die beiden gut verstehn

Ich bin ein Personalpronomen
und gleichzeitig ein Adjektiv
das sag ich nicht aus Eitelkeit
sondern ganz objektiv
Ich bin ein Personalpronomen
und zwar im dritten Fall
ich bin es zwar nicht immer
doch dafür überall

Das Genitiv des Singulars
in der zweiten Person
spricht in einer Ellipse
mit dem Dativ keinen Ton

Das Partizip Perfekt
streitet mit dem Substantiv
und das reicht mir dann wirklich
und zwar definitiv

Ein Beistrich und ein Bindewort
liefen heut der Grammatik fort
ich werde sie nie wiedersehn
und kann die beiden gut verstehn

Ich bin ein Personalpronomen
und gleichzeitig ein Adjektiv
das sag ich nicht aus Eitelkeit
sondern ganz objektiv
Ich bin ein Personalpronomen
und zwar im dritten Fall
ich bin es zwar nicht immer
doch dafür überall

(Wir hingen rum) Auf einem Regenbogen

Wir hingen rum auf einem Regenbogen
am letzten Sonntag nachmittags um drei
Familienväter schrubbten ihre Autos
und hatten laute Kinder mit dabei
Die warfen knüppelhartes Brot nach Tauben
und trampelten die Blumenbeete platt
die Mütter blätterten In Illustrierten
und etwas Smog zog lauernd durch die Stadt

Wir hingen rum auf einem Regenbogen
du hast die Fingernägel dir lackiert
wir sprachen über Politik und Pop-Songs
etwas Besonderes ist nicht passiert
Von Norden zogen Wolken Richtung Kino
im Westen flog ein Werbeluftballon
ich kramte rum in meinen Hosentaschen
und fand für dich nen Pfefferminzbonbon

Wir hingen rum auf einem Regenbogen
aus Langeweile fassten wir uns an
dein Mund war klebrig und schmeckte nach Minze
ich zog dich schüchtern näher zu mir ran
Und als wir nackt dann beieinander hockten
sagtest du „Mach mir bitte bloß kein Kind"
ich kam zu früh und als du schallend lachtest
warf ich dein Unterhöschen in den Wind

Mit Pinguinen kegelt man nicht

Auf einer Forschungsreise in die Antarktis
lag unser Schiff fest, gefangen im Eis
und wir mussten dort überwintern
so ein Scheiß

Dort gab's keine Kneipen und keine Frauen
wir konnten uns nur eine Kegelbahn bauen

Neun Pinguine guckten verdutzt
denn wir haben sie als Kegel benutzt

Doch mit Pinguinen kegelt man nicht
denn sie machen dabei so ein dummes Gesicht
da kann man nicht anders, da muss man lachen
und kann keine Punkte machen

Wenn die Eiskugel rollt hopsen diese Flegel
einfach zur Seite, so was tut kein Kegel

Und wenn wir mal treffen, dann ärgern sie sich
und werfen nach uns - mit Fisch

Mit Pinguinen kegelt man nicht
sie machen dabei so ein dummes Gesicht
und sie verstehen auch nicht die Regeln
man kann mit denen einfach nicht kegeln

Spiegel

Einen neuen Spiegel
aus den alten Scherben
und es besser machen
oder es verderben
doch beim ersten Blick
da erkennt man schon
dies ist weiter nichts
als die Reflektion

Purity

Zwölf Jahre hat der Mond gezählt
der immer dir Gefährte war
dann wurdest du als Braut erwählt
und deine Eltern sagten Ja

Bei Nacht kam er der alte Mann
hat deine Schreie überhört
schamlos tat er dir böses an
hat deine Kindheit kalt zerstört

Für ihn ein Spielzeug jahrelang
kein Ausweg je aus Not und Pein
an Körper und an Seele krank
dein Herz jedoch blieb schön und rein

Ein Messer lag in deiner Hand
der alte Mann seit Stunden tot
als man euch beide heute fand
da schien der Mond so feuerrot

Geheimnisse

Man kann sie verkaufen
man kann sie verraten
man kann sie vergessen
was viele schon taten

Man kann sie bestreiten
man kann sie bereden
man sagt sie keinem
oder man sagt sie jedem

Doch die Geheimnisse die ich hab
nehm ich mit ins Grab

Sprinter

Jahre des Lebens geopfert
für die Bruchteile von Sekunden
die einzige greifbare Erfüllung
im Beifall der Massen gefunden

den Atem der andren im Rücken
und gewusst es gibt kein Später
die Gesetze der Fliehkraft verrücken
die Welt misst einhundert Meter

Das Kreuz

Sie hat drei Kinder an den Krieg verloren
und eines noch bevor es geboren
hat dem Pech oft genug in die Augen geschaut
und dabei auf Gottes Wort vertraut

Aber es kommt mir so vor
als hätt' der ne seltsame Art von Humor

Kriech zu Kreuze, sei fromm und sprich deine Gebete
dann kommt Gabriel mit der goldnen Trompete
und bläst dir auf dem Weg in den Himmel den Marsch
so ein Arsch

Ihr Mann ist vor Jahren ganz grausam krepiert
da war die Leitung nach oben wohl grade blockiert
der Krebs zerfraß ihm Magen und Darm
doch der Chef ersparte sich das Erbarmen

Vielleicht musste er ja grad mal etwas ruhn
oder hatte ganz dringend woanders zu tun
doch wenn ich an Auschwitz denk dann glaube ich
er schert sich einen Dreck um Menschen wie dich

Kriech zu Kreuze, sei fromm und befolg die Gebote
dann gehörst du zu der erlesenen Quote
denen man im Jenseits ein besseres Leben verspricht
doch das Kleingedruckte erzähln sie dir nicht

Wie viele Menschen sind im Namen des Herren gestorben
wie viele wurden von falschen Propheten verdorben
wie viele Kreuzritter gab es die kein Mitleid kannten
und wie viele Frauen die als Hexen verbrannten

All die Folterknechte und Inquisitoren
trifft man sie wieder an den himmlischen Toren
lässt Gott sie als treue Gefolgschaft hinein
dann möchte ich lieber ganz tief unten sein

Kriech zu Kreuze, sei fromm, weih Christus dein Leben
du erhältst dann zum Dank den päpstlichen Segen
und zweifel nicht, weder jetzt noch später
er ist auf Erden Gottes Stellvertreter

Ich seh ihn im Vatikan in den Schatzkammern lungern
während in Äthopien die Kinder verhungern
er streicht sich über den feisten Bauch
und sagt den Leidenden: Gott liebt euch auch

Aber es kommt mir so vor
als hätt' der ne seltsame Art von Humor

Ich möchte meinen Frieden mit euch machen

Ich möchte meinen Frieden mit euch machen
werde Vater auch sein schwaches Herz verzeihn
und über seine Witze heftig lachen
ich werde nur noch brav und folgsam sein

Ich werde euch nicht mit meiner Meinung quälen
nur tun was ihr mir sagt und zwar sehr gern
ich werde euch von der Welt nichts mehr erzählen
und seh mit euch die halbe Nacht lang fern

Was auf den Tisch kommt wird gegessen
und der alte Mann hat recht
was er sagt das wird gefressen
wird uns auch allen davon schlecht

Ich möchte meinen Frieden mit euch machen
hab unsern kalten Krieg zutiefst bereut
ich weiß ihr werdet insgeheim doch lachen
und fragen: Warum kommt er grade heut

Vielleicht weil du selbst auf dem Sterbebett noch lächelst
und nicht von einem besseren Leben träumst
weil du ganz puterrot durch unsre Stube hechelst
und seine Socken in das Schubfach räumst

Oder weil er noch tut als könnt ihn nichts bewegen
selbst wenn die Frau nach vierzig Jahren nun krepiert
er wird sich weiterhin aufs alte Sofa legen
und tun als wäre einfach nichts passiert

Was auf den Tisch kommt wird gegessen
und der alte Mann hat recht
was er sagt das wird gefressen
wird uns auch allen davon schlecht

Ich möchte meinen Frieden mit euch machen
und sei es nur weil Mutter es so will
ich komm euch nicht mehr mit den alten Sachen
ich sitze hier und lächle einfach still

Erinnerung an eine Fremde

Sie saß auf der Bank – genau in der Sonne
mir zu neunzig Grad gegenüber
studierte dabei ihre Bücher voll Wonne
als täte sie nichts andres lieber

Ich wollt ihren Blick einen Augenblick fangen
damit sie sich an mir erfreue
doch er wollte partout nicht hinüber gelangen
sie war wohl eine Schüchterne – Scheue

Ich saß auf der Bank – ein wenig im Schatten
ihr zu neunzig Grad gegenüber
und rechnete aus welche Chancen wir hatten
etwas zu tun das mir lieber

Ich wollt ihren Blick einen Augenblick fangen
um dort Neugier zu finden – nicht Reue
doch sie ließ ihn partout nicht zu mir gelangen
schwor vielleicht einem andren die Treue

Wir zwei auf der Bank – doch nicht auf der gleichen
darum hat sich nichts weiter ergeben
vielleicht sollte mir der Gedanke schon reichen
So spielt halt das Schicksal – das Leben

Ich wollt ihren Blick einen Augenblick fangen
und probierte es immer aufs Neue
da ist sie mitsamt ihren Büchern gegangen
ihre sonnige Bank ist jetzt frei – ach wie ich mich freue

Die Sonne steht zu tief

Der Abend fiel uns flüchtig aus den Haaren
für einen Anfang war es schon zu spät
dein Lächeln war fast wie mit siebzehn Jahren
doch ich hab dir den Rücken zugedreht
Ich wünschte ich könnt irgendwas bedauern
und du würdest gern irgendwas verzeihn
doch zwischen uns da baut die Leere Mauern
und nur zusammen sind wir so allein

Die Sonne steht zu tief
die Schatten fallen nach Süden
du wolltest ihnen folgen
und ich bin hier geblieben
Die Sonne steht zu tief
ich kann dich kaum noch sehen
doch es gibt keinen Grund
dir hinterher zu gehen

Der Seewind brannte hart in unsren Augen
und ich fiel müde in den feuchten Sand
ich glaub dass wir zum Glück einfach nicht taugen
wir sind nur eine Fläche totes Land
Ich würd mich gerne an die Nacht verschwenden
und du willst nur zu jemandem gehören
drum lassen wir die Dinge besser enden
bevor wir noch mehr in uns selbst zerstören

Die Sonne steht zu tief
die Schatten fallen nach Süden
du wolltest ihnen folgen
und ich bin hier geblieben
Die Sonne steht zu tief
ich kann dich kaum noch sehen
doch es gibt keinen Grund
dir hinterher zu gehen

Die Sonne steht so tief
dass wir schon fast erblinden
vielleicht geht es nur so
unseren Weg zu finden

Fotothese

Du bist aus
hundert Sekunden zusammengeflickt
aus Schatten aus Licht
und aus Formen gestrickt
auf dem Bild das ich schieße
bist du perfekt
ich hab dich entwirrt
und neu zusammengesteckt

Du gehörst ganz allein
mir und dem Objektiv
mein Puzzleteil
mein Lieblingsmotiv

Gib acht
was die Kamera
heut aus dir macht
strahlender Tag
und dunkelste Nacht

In meinen Händen
durch meine Gunst
bist du von Bedeutung
wirst Kunst

Der Mai mag kommen

Der Mai mag kommen wenn er mag
von mir aus schon am nächsten Tag
ganz ohne Eile, ohne Hast
und manche scheinbar schwere Last
wird dann von mir genommen
- der Mai mag kommen

Mit ihm da zieht ein Vogelschwarm
der Flieder blüht, die Luft ist warm
und draußen hat ein Wandersmann
dem mein Blick kaum noch folgen kann
den höchsten Berg erklommen
- der Mai mag kommen

Der Mai mag kommen ohne Scheu
vertraut und trotzdem wieder neu
macht er die Herzen froh und frei
- der Mai

Der Mai mag kommen wann er will
von mir aus auch schon im April
ganz ohne Falschheit, ohne Zwang
mag er verweilen lebenslang
von keinem mir genommen
- der Mai mag kommen

Mit ihm da zieht ein sanfter Hauch
von Freiheit und von Liebe auch
ein Weckruf der uns allen gilt
und draußen toben Kinder wild
dem Winter nun entronnen
- der Mai mag kommen

Der Mai mag kommen ohne Scheu
vertraut und trotzdem wieder neu
macht er die Herzen froh und frei
- der Mai

Und bliebe er das ganze Jahr
dann fände ich das wunderbar
da ist doch nichts dabei
- du Mai

Der schweigende Mann

Das Herz ein Zug dem Bahnhof längst entkommen.
Die Landschaft drum herum ein Flächenbrand.
Das Ziel, den Weg schon lang vorweggenommen
und im Gesichtsfeld nichts als dürres Land.

Ein Ort, zwei Menschen, keine Möglichkeiten.
Die Fahrt ein stetes Reißen an den Weichen.
Und vor dem Fenster ungenutzte Zeiten.
Der Fahrplan fort – kein Rastplatz zu erreichen.

Die Notbremse gezogen. Und kreischend hält der Zug.
Die Frau steigt aus und steht auf eignen Beinen.
Sie schafft sich neue Wege. Davon gibt es genug.
Dem Mann will dies nicht recht erscheinen.

Er schaut ihr nach. Sie floh auf halber Strecke.
Er würd ihr gern ihr Ticket noch mal zeigen.
Jedoch sie biegt schon um die nächste Ecke.
Ihm bleibt im leeren Zug allein sein Schweigen.

Rothaar

In einer Winternacht geboren
bei ihrer Mutter Todesschrei
und tausend Krähen flogen kreischend
an ihrem Kinderbett vorbei
Sie war verflucht - sie war verdammt
weil sie so wild und anders war
sie tanzte nachts mit jungen Wölfen
und es flog Feuer aus ihrem Haar

Doch sie war schön wie eine Rose
und ihre Lippen waren warm
bis zu dem Tag an dem der König
sie mit Gewalt zur Frau sich nahm

    Rothaar
    zünd den Mond an
    brenn die Nacht ab
    wenn du weinst

Sie schenkte Kriegern ein Lächeln
an dem Tag der Sonnenwende
und gab sich voll Verachtung
ihrem Herrscher in die Hände
Doch als er sie nehmen wollte
sah er kurz die Klinge blitzen
und dann hörte er sie flüstern:
"Niemand wird mich je besitzen"

Als sein Blut auf ihren Leib quoll
und nur Kälte in ihm war
sah er durch den roten Schleier
weiter nichts als nur ihr Haar

    Rothaar
    zünd den Mond an
    brenn die Nacht ab
    wenn du gehst

Und dann folgte sie den Wölfen
durch das Land ein ganzes Jahr
bis ein Fremder sie berührte
und der küsste sanft ihr Haar

Rothaar
zünd den Mond an
brenn die Nacht ab
wenn du liebst

Bach – Fluss - Meer

Zuerst ist Liebe nur wie ein Bach
zaghaft und schüchtern küsst sie dich wach
zeigt dir ganz leise
den Anfang der Reise
zuerst ist Liebe nur wie ein Bach

Später ist Liebe dann wie ein Fluss
reißend am Anfang – versiegend am Schluss
bringt dich aus dem Tritt
spült dich fort – nimmt dich mit
später ist Liebe dann wie ein Fluss

Doch schließlich ist Liebe so wie das Meer
du hältst sie fest - gibst sie nie wieder her
denn am Ende der Reise
macht sie dich weise
am Ende ist Liebe so wie das Meer

Zuerst ist Liebe nur wie ein Bach
zaghaft und schüchtern küsst sie dich wach
doch schließlich ist Liebe so wie das Meer
du hältst sie fest - gibst sie nie wieder her

Kleine Puppe

Die fordernde Hand des Gebieters
dein Zimmer ein eisiges Schloss
der Ritter ein Teufel in Menschengestalt
auf einem finsteren Ross
Sein Atem ist stinkender Schwefel
er küsst alle Sterne hinfort
und wenn er dir sagt er liebt dich
dann glaub ihm kein einziges Wort

Zerbrich nicht
in dem Geisterhaus
wehr dich
kratz ihm die Augen aus

Kleine Puppe sei nicht leise
wenn man deine Welt zerstört
ruf solange laut um Hilfe
bis man deine Schreie hört
Kleine Puppe sei nicht leise
lass ihn nicht an dich heran
tritt ihm zwischen seine Beine
und schrei laut: Fass mich nicht an

Der tückische Blick eines Heuchlers
die blutigen Tücher im Schrank
gewähre ihm keine Vergebung
er ist nur böse nicht krank
Vergiss seine heimlichen Tränen
sein Trieb besiegt ständig die Reue
du hast jedes Recht ihn zu töten
sonst tut er es immer auf's neue

Zerbrich nicht
in dem Schattenhaus
wehr dich
reiß ihm das Herz heraus

Kleine Puppe sei nicht leise
wenn man deine Welt zerstört
ruf solange laut um Hilfe
bis man deine Schreie hört
Kleine Puppe sei nicht leise
lass ihn nicht an dich heran
tritt ihm zwischen seine Beine
und schrei laut : Fass mich nicht an

Zeig dem Wolf der deine Seele
gnadenlos zerstört und frisst
dass du nicht sein kleiner Engel
und auch keine Puppe bist

Spirit of St. Louis

Der Geist verharrt in allzu starren Mauern
für Höhenflüge fehlen Mut und Raum
die Möglichkeit weicht ständig dem Bedauern
und bleibt ein ewig unerreichter Traum
Vernunft und Hoffnung halten sich die Waage
der Horizont scheint eine Spur zu weit
zu farblos bleibt das Sinnbild dieser Lage
und geht sich selbst verloren mit der Zeit

Doch Fliegen ist nichts andres als zu lernen
wie weit man will - wie weit man kommen kann
nur so kann man sich von der Angst entfernen
und kommt am Ende bei sich selber an

Josefs Krieg

Er hat seit dreißig Jahren
sein karges Feld bestellt
das Haus, das Land, der Fischteich
das war für ihn die Welt
Und war die Ernte eingebracht
fuhr er ins Dorf hinein
kaufte für Frau und Kinder
Geschirr und Kleidung ein

Er mied die laute Meute
die dort im Dorfkrug saß
und auch den jungen Priester
der aus der Bibel las
Er hatte Frau und Kinder
und einen treuen Hund
zum Beichten und zum Beten
fehlte ihm stets ein Grund

Doch dann rollten die Panzer
auf ihrem Weg zur Stadt
an einem Sommermorgen
den ganzen Weizen platt
Und Josef nahm die Flinte
sprach zu dem General :
„Ihr seid auf meinem Boden
ihr lasst mir keine Wahl

Was schern mich Präsidenten
auf meinem Hab und Gut
da hab nur ich das Sagen
weil hier mein Schweiß und Blut
die gute Erde dünkte
die grad die meinen nährt
ich will nicht dass ein Panzer
durch meine Felder fährt"

Da lachten die Soldaten :
„Du dummer alter Mann
was geht uns dein Gejammer
um diesen Acker an
Wir kämpfen für die Ehre
wir fürchten keinen Feind
und wenn wir dich erschießen
ist es nicht bös gemeint"

Und Josef der im Leben
nie stritt, nie um sich schlug
hatte von Uniformen
und Politik genug
Die Panzer rollten weiter
was für ein stolzer Sieg
ein toter Mann im Weizen
so endet Josefs Krieg

Drei junge Männer und ein schrecklich alter Hund

Drei junge Männer
und ein schrecklich alter Hund
schlichen rum um Rosalita
doch der wurde das zu bunt
weil die drei sie ständig quälten :
„Such dir endlich einen aus"
nahm sie fortan jeden Abend
nur den Hund mit in ihr Haus

Die Sterne werden bluten

Ich hab mit Gott gepokert
er hat zu viel riskiert
und ehe er sich recht besann
da war es schon passiert
Das As in meinem Ärmel
das sah der Alte nicht
nun ist er ziemlich fertig
hat Tränen im Gesicht

Er könnte mir fast leid tun
doch wie gesagt: Nur fast
denn schließlich hat der Zocker
grad eure Welt verprasst

Die Sterne werden bluten
doch ich tanz auf dem Tisch
und schicke seine Engel
ab morgen auf den Strich
Der Alte wird mein Hofnarr
der Himmel restauriert
die Sterne werden bluten
denn jetzt wird abkassiert

Nun jammert er gar schrecklich
doch mir macht das nichts aus
ich rate ihm zu beichten
in einem Gotteshaus
Ich werde ihn begleiten
falls ich den Papst dort treff
kann ich ihm gleich verklickern
er hat nen neuen Chef

Ich krieg jetzt beinah Mitleid
mit diesem armen Mann
was fangen seine Schäfchen
bloß ohne Hoffnung an

Die Sterne werden bluten
doch ich tanz auf dem Tisch
und schicke seine Engel
ab morgen auf den Strich
Der Alte wird mein Hofnarr
der Himmel restauriert
die Sterne werden bluten
denn jetzt wird abkassiert

Tage ohne Anfang

Dies sind Tage ohne Anfang
nichts Großes wird geschehn
das Leben schleicht vorüber
und lässt sich hier nicht sehn
Gehobene Tristesse
ist auch ne Art von Spaß
und ich ertränk Oliven
in nem Martiniglas

Der Präsident ging schlafen
man sprach von Hodenkrebs
und Coca Cola sponsert
die gelben Regencapes
die trauernde Japaner
bei seinem Abschied tragen
mir schlagen die Oliven
allmählich auf den Magen

Dies sind Tage ohne Ende
so spannend ist das nicht
das Wetter macht sich wichtig
im eigenen Bericht
Ich hab verlernt zu lachen
und bin verdammt allein
ich glaub ich würde gern
eine Olive sein

Konfuzius sagt

Konfuzius sagt: Der Weise spleche leise
Konfuzius sagt: Wer blüllt hat nimmel Lecht
Konfuzius sagt: Wel maßvoll ißt kliegt Stälke
Konfuzius sagt: Wel leinstopft dem wild schlecht

Konfuzius sagt: Wel lächelt del schenkt Sonne
Konfuzius sagt: Wel singt macht andle floh
Konfuzius sagt: Nutz deine Zeit fül Tläume
Konfuzius sagt: Dlückt Blase geh aufs Klo

Konfuzius sagt: Die Elde dleht sich immel
Konfuzius sagt: Die Zeit schleitet volan
Konfuzius sagt: Wel liebt del kliegt den Himmel
Konfuzius sagt: Tun soll man was man kann

Konfuzius sagt: Klatscht fleudig in die Hände
Konfuzius sagt: Pißt andlen nicht ans Bein
Konfuzius sagt: Tut Gutes – seid bescheiden
dann wild Zufliedenheit stets bei euch sein

Die dunkle Seite meiner Träume

Du siehst mich an wie kalte Asche
ich weiß nicht wie man´s sonst beschreibt
man lügt sich Sterne in die Tasche
während die Nacht vorübertreibt
Und alles was wir von uns wollen
ist uns so unsagbar vertraut
die Steine die herzabwärts rollen
und warmer Regen auf der Haut

Ich hab dich niemals ganz belogen
du hast mich niemals ganz geliebt
wir haben uns zu oft betrogen
ich weiß nicht was es jetzt noch gibt

Die dunkle Seite meiner Träume
die Sehnsucht die verwundbar macht
das alles hast du nie gesehen
und dir ein falsches Bild gemacht
Die kalte Seite meines Lachens
die Angst zu nah bei dir zu sein
das alles hast du nie verstanden
oder gestehst es dir nicht ein

Du sprichst von mir wie von ner Waise
du weißt nicht wie man´s besser trifft
schäm dich nicht und sei nicht so leise
ich bin gewohnt an dieses Gift
Und alles was wir an uns haben
sind Wege ohne festen Grund
es bleibt sich gleich wie tief wir graben
wir reiben uns die Seelen wund

Ich hab dich niemals ganz verachtet
du hast mich niemals ganz gebraucht
wir haben wohl das Pech gepachtet
sind längst im Gleichmut abgetaucht

Die dunkle Seite meiner Träume
die Sehnsucht die verwundbar macht
das alles hast du nie gesehen
und dir ein falsches Bild gemacht
Die kalte Seite meines Lachens
die Angst zu nah bei dir zu sein
das alles hast du nie verstanden
oder gestehst es dir nicht ein

Die dunkle Seite deiner Träume
ich träum oft davon sie zu sehn
vielleicht wär es dort sehr viel leichter
auf diesem schmalen Grat zu gehn

Haus der hochbegabten Kinder

Dort drüben sitzt Jens und bohrt in der Nase
doch lassen Sie sich davon nicht irritieren
nach dem Dessert spaltet er meist Atome
oder programmiert Computerviren
Doch zwischendurch hat er diese Phasen
wo er nur dasitzt, popelt und schweigt
er hat es gern wenn Schwester Klara ihn kämmt
auch wenn er das nach außen nie zeigt

Hier haben wir Julia, sie spielt gern mit Puppen
zuerst da sticht sie ihnen die Augen aus
dann verdreht sie ihnen Arme und Beine
und vergräbt sie im Garten hinter dem Haus
An guten Tagen spielt sie Bach's Sonaten
ohne hinzusehen auf dem Klavier
mehr können wir von ihr noch nicht sagen
sie ist erst seit zwei Monaten hier

Im Haus der hochbegabten Kinder
von allem normalen aufs schärfste getrennt
züchten wir eine neue Elite
die statt Mittelmaß nur das Extreme noch kennt
Wir fördern ihre besondren Talente
ohne Rücksicht auf Folgen und Zeit
die Welt da draußen ist für soviel Schönheit
des freien Geistes noch lang nicht bereit

Anne-Marie achtet sehr auf ihr Äußres
ist leicht nymphoman und scheut Konkurrenz
sie verziert die Tapeten mit Lyrik und Prosa
seit kurzem mit leicht kafkaesker Tendenz
Sie verführt oft die Lehrer, sie ist halt sehr sinnlich
von Verlegenheit überhaupt keine Spur
doch ich möchte wetten sie bekommt eines Tages
den Nobelpreis für Literatur

Hier ist Robert, wir nennen ihn Dali
er ist erst knapp vierzehn Jahre alt
seine Aquarelle begeistern die Fachwelt
doch er neigt leider zu sinnloser Gewalt
Besonders gern quält er Katzen und Mädchen
doch schauen Sie in seinen Behandlungsplan
im letzten Monat tötete er zwei Katzen
doch den Mädchen hat er nichts angetan

Im Haus der hochbegabten Kinder
trainieren wir manches junge Genie
hier ist der Spielplatz für Quantensprünge
das verstehn die da draußen doch nie
Wir schaffen den Freiraum für jegliche Laune
jede Perversion, jedes Experiment
die fähigsten Köpfe unsrer Nation
konzentriert und gebündelt, von der Masse getrennt

Wir beschützen sie vor der Welt
oder die Welt vor ihnen
hier bekommen sie alles
alles was sie verdienen

Wiedergeburt

Ich kenn eine Glaubensrichtung
die so manches für sich hat
was man tut erhält Gewichtung
nichts findet aus Zufall statt
Und wenn man den Löffel abgibt
ist man keinesfalls verloren
sondern wird nach einer Weile
hier auf Erden neu geboren

Doch das Schöne oder Schlimme
je nachdem wie man es nimmt
ist dass - wenn man mal davon ausgeht
dass die Hypothese stimmt –
man ein Zeugnis für das Leben
das man grade führt erhält
und man kommt dann dementsprechend
recht verändert neu zur Welt

Beispielsweise ein Beamter
der jahrein - jahraus sich schindet
sich in seinem neuen Leben
oft als König wiederfindet
während Leute die nicht nett sind
und nicht ihre Partner ehren
oft als Würmer oder Ratten
oder Sachsen wiederkehren

Das macht mich doch ziemlich traurig
denn ich kenne deine Nöte
wenn du dich nicht schleunigst besserst
eignest du dich nur als Kröte
für dein nächstes Sein auf Erden
und das wäre echt ein Drama
denn ich kehr zurück als Popstar
oder auch als Dalai Lama

So kann ich zwar frohen Mutes
stolz mich meinem Schöpfer zeigen
ich war fleißig, gut und edel
das werd ich auch nicht verschweigen
und wenn er ob meiner Größe
eine Bitte mir gewährt
flehe ich dass deine Seele
nicht in eine Unke fährt

Vielleicht schaffst du es ja doch noch
dich schnellstmöglich zu besinnen
um dem Schicksal das dir drohn wird
irgendwie noch zu entrinnen
Wenn du fortan lieb und treu bist
und hältst deinen frechen Mund
schaffst du es für nächste Leben
vielleicht grad noch als mein Hund

Weder noch

Wenn der Mensch vom Affen abstammt
muss man dann Bananen hassen
oder wenigstens aus Anstand
unbeachtet liegen lassen
oder folgt man gleich dem Strauß
und gräbt seinem Kopf ein Loch
wird dann alles besser oder schlechter
weder noch

Und wenn du mich dann so ansiehst
mit der Frage in den Augen
ob wir beide uns nie trennen
oder doch zum Glück nicht taugen
und ob ich dich nicht mehr liebe
oder vielleicht doch
was soll ich dazu schon sagen
weder noch

Arizona

Sie sagte die meisten Country-Girls sterben
auf dem Rücksitz in einem Ford
ich hab geglaubt dass sie mich verarscht
doch sie schwor es bei Gott Wort für Wort
Sie sagte ich wäre nicht mal halb ihr Alter
doch sie hätte ein Faible für Spieler
wir teilten die Nacht in ner Klitsche bei Schleswig
mit ner Pizza und sehr viel Tequila

Sie hat die Rockabilly-Gitarre versetzt
um auf einen Loser zu wetten
der Gaul hat sich schon beim Start verletzt
da blieb nur Geld für ein paar Zigaretten

Ich hab sie Arizona genannt
denn das stand auf einem Tattoo
ich fragte sie ob das etwas bedeute
ihr Blick sagte mir dass sie manches bereute
doch sie gab das nicht zu

Sie sagte sie hielte nicht viel von der Liebe
doch eines das solle ich wissen
die Männer vor mir – in ihrem Alter –
würden andere Stellen an ihr küssen
Ich fragte sie ob das gut oder schlecht sei
und sie sagte es würd sie verwirren
ihr Kopf wär schon nicht mehr in diesem Zimmer
doch ihr Körper könne sich ja nicht irren

Wir trampten am Morgen gemeinsam nach Norden
dort nahm sie die Fähre nach Schweden
ich weiß aus uns wäre nie etwas geworden
und sie wollte nicht darüber reden

Ich hab sie Arizona genannt
denn das stand auf einem Tattoo
ich fragte sie ob das etwas bedeute
ihr Blick sagte mir dass sie manches bereute
doch sie gab das nicht zu

Sie sagte die meisten Country-Girls sterben
auf dem Rücksitz in einem Ford
wenn ich an sie denke muss ich darüber grinsen
doch ich glaube es ihr Wort für Wort

Reh-Kapitulation

Es stand ein Reh am Straßenrand
und blickte in die Leere
vielleicht hat es sich ja gedacht
wie es als Vogel wäre
Da könnte man den Asphalt
kreuzen mit weiten Schwingen
und müsste nicht von rechts nach links
vor Kühlerhauben springen

Doch weil das Reh kein Vogel war
flog es nur fünfzehn Meter
und da war es dann auch schon tot
oder vielleicht auch etwas später

Der Tag an dem der Arzt mit dir alleine reden wollte

Der Tag begann mit frohen deutschen Schlagern
ein Nachbar mähte Rasen früh um acht
die Zeitung schrieb von Helden und Versagern
und ich hab dir Croissants ans Bett gebracht

Wir fuhren nach dem Frühstück in die Klinik
das Wartezimmer roch nach Spiritus
ich fragte mich was jemand wohl empfindet
der zwischen Kunststoffpflanzen sterben muss

Das war der Tag an dem du mir sagtest
dass ich nicht traurig sein sollte
der Tag an dem der Arzt mit dir alleine reden wollte

Er nickte mir zu und nahm dich bei der Hand
dann schloss sich die Tür zu seinem Büro
ich holte mir einen Kaffee vom Automat
und verbrühte mich denn ich zitterte so

Ich hätte eine Zigarette gebraucht
und sah vom Fenster hinab in den Garten
dort waren Menschen die weiter nichts taten
als auf irgendetwas zu warten

Das war der Tag an dem du mir sagtest
dass ich nicht traurig sein sollte
der Tag an dem der Arzt mit dir alleine reden wollte

Und ich spürte nichts weiter
als nur das Verlangen
jeden einzelnen Augenblick einzufangen

Das war der Tag an dem du mir sagtest
dass ich nicht traurig sein sollte
der Tag an dem der Arzt mit dir alleine reden wollte

Die dreizehnte Lilie

Sie hatte zwölf Schwestern die reckten geschwind
die schlanken Hälse stolz in den Wind
wenn ein Wanderer des Weges kam
und Notiz von ihrem Liebreiz nahm

Sie flüsterten erregt und entzückt:
„Es ist so weit wir werden gepflückt"
denn ihnen fiel nichts weiter ein
als einfach nur schön fürs Auge zu sein

Die dreizehnte Lilie jedoch blieb stehn
allzu leicht ließ sie sich übersehn
denn sie hat nicht so wie die andren gedacht
„Ich bin nicht nur fürs Auge gemacht"

Zwölf Lilien die sich so eifrig bemüht
waren schon nach ein paar Tagen verblüht
durchs Fenster konnten sie ihre Schwester noch sehn
draußen auf dem Feld so strahlend schön

Die dreizehnte Lilie stand stolz und allein
im Sommer ihres Lebens im Sonnenschein
in voller Blüte und in herrlicher Pracht
und für mehr als nur fürs Auge gemacht

Ich träumte von Frauen auf Schiffen

Den Atem des Windes gefangen
mein Herz in der blühenden Erde
so stand ich am Ufer des Schweigens
und roch den Schweiß wilder Pferde
Im Feuer des Südens geboren
um ein Krieger der Träume zu sein
zog ich durch die trostlosen Städte
berauscht nur von Liedern und Wein

Ich sammelte tausend Gedanken
so welk wie verwehendes Laub
auf Straßen die Hoffnung nicht kannten
schien die Zeit mir wie goldener Staub

Ich träumte von Frauen auf Schiffen
auf Schiffen aus Wachs und Papier
und dass nach den Sternen sie griffen
an besseren Orten als hier
Ich träumte von Frauen auf Schiffen
auf Schiffen aus Wachs und Papier
und dass ihre Blicke begriffen
mein Herz ist ein hungriges Tier

In Wüsten der Leere vertrocknet
das Herz wie ein Sandkorn im Wind
der Blick der Oasen hier suchte
verbrannt und verloren und blind
Im Feuer des Südens geboren
um ein Krieger der Träume zu sein
doch ich kämpfte im tiefschwarzen Schatten
dieser frostigen Seelen allein

Ich sammelte tausend Gedanken
so welk wie verwehendes Laub
auf Straßen die Hoffnung nicht kannten
schien die Zeit mir wie goldener Staub

Ich träumte von Frauen auf Schiffen
auf Schiffen aus Wachs und Papier
und dass nach den Sternen sie griffen
an besseren Orten als hier
Ich träumte von Frauen auf Schiffen
auf Schiffen aus Wachs und Papier
und dass ihre Blicke begriffen
mein Herz ist ein hungriges Tier

Ich träumte von Frauen auf Schiffen
die den müden Ländern entfliehn
und im Licht eines schützenden Mondes
in Zonen der Ursprünglichkeit ziehn

Tirami Su

Omelette al funghi
Insalata speciale
Broccoli gratinati
Cocktail frutti di mare

Pizza Quattro stagioni
Zuppa di pomodoro
Bistecca cantarello
Rigatoni al forno

Tortellini gorgonzola
Mozarella naturale
Cannelloni mini perle
na das ist mir doch egale

Ich und du - Tirami Su
und Spaghetti Bolognese
ich und du - Tirami Su
alles andere ist Käse

Versichert

Ich hätt mich gern versichert
gegen Schnee und Hagelschaden
gegen Haarausfall und Kinder
und gegen verdorbnen Magen

Gegen Songs von Dieter Bohlen
Leute die im Fahrstuhl rauchen
gegen Löcher in den Sohlen
Katzen die andauernd fauchen

Ich hätt mich gern versichert
gegen das ganze Leben
doch leider soll es so was
in Deutschland noch nicht geben

Ich hätt mich gern versichert
gegen Schrippen die nicht schmecken
gegen Weihnachten und Unfall
gegen Wecker die mich wecken

Gegen Steuern die mich schlauchen
Stürmer die daneben zielen
gegen Girls die mich nicht brauchen
Sender die dies Lied nicht spielen

Ich hätt mich gern versichert
gegen das ganze Leben
doch leider soll es so was
in Deutschland noch nicht geben

Ich hätt mich gern versichert
gegen Wespen die mich stechen
gegen Politik und Arbeit
gegen Krankheit und Verbrechen

Gegen Frauen die mich verlassen
gegen abgestandne Biere
gegen Leute die mich hassen
gegen Wahrheit und Satire

Ich hätt mich gern versichert
gegen das ganze Leben
doch leider soll es so was
in Deutschland noch nicht geben

Gegen CDU und ZDF
UFO´s und auch meinen Chef
gegen Krieg und faulen Fisch
und vielleicht auch gegen mich

Privatleben

So müßig liegt der Tag in meinen Händen
ich denke stundenlang im Konjunktiv
ich möchte zwischen uns gern was beenden
doch lieg nur da und damit schief

Du heuchelst emsig und tarnst dich betriebsam
die Lüge jedoch klebt an deiner Spur
mitunter weiß ich ist die Wahrheit biegsam
doch ich bin nicht genügsam
und grade mahnt die Uhr

mich zu dem Aufbruch oder wichtiger Entscheidung
doch ich weich aus und bleibe reglos stehn
ein Geisterfahrer ohne Sprit und Stadtplan
ich bin so müde und du kannst es nicht sehn

Wir sind privat nach außen eng verbunden
doch der Verbund lässt uns meist außen vor
wir haben mehr verloren als gefunden
und schießen täglich manches Eigentor

Verzeih mir bloß mein schändlich Streben
bleib du privat – ich wähl das Leben

Mein Vorschlag zur Bekämpfung der Arbeitslosigkeit

Mehr Atomkraftwerke! Liegt das nicht auf der Hand?
Dass da vor mir keiner drauf gekommen ist.
Mehr Atomkraftwerke bedeuten mehr Atommülltransporte
Mehr Atommülltransporte bedeuten mehr Demonstranten
Mehr Demonstranten bedeuten mehr Polizisten

Mehr Richter, mehr Staatsanwälte, mehr Rechtsanwälte,
mehr Reporter, mehr Kameramänner, mehr Zeitungsjungen,

Mehr Bewährungshelfer

Mehr Ärzte, mehr Krankenschwestern, mehr Bestattungsunternehmer,
mehr Blumenhändler, mehr Friedhofsgärtner

Mehr Protestsänger

Das ist so simpel.
Dass da vor mir keiner drauf gekommen ist.
Mehr Atomkraftwerke

Golgatha

Kein Morgen der dem Morgen glich
an dem die Welt mich sterben sah
kein Wort das meinem Schmerz gerecht
als soviel Unrecht mir geschah

Oh Vater warum hast du mich verlassen
du lehrtest mich zu lieben, nicht zu hassen
du lehrtest mich zu sprechen wo jede Stimme schwieg
als sei mein Leid dein Sieg

an jenem Tage in Golgatha

Die Dornenkrone, welch ein Hohn
für deinen dir ergebnen Sohn
ich kam als König, ging als Mann
so sah ich mich von Anfang an

und nicht erst in Golgatha

Maria Magdalena
wie seltsam es doch scheint
dass einzig du allein
vor meinem Tode schon um mich geweint

im Hause Simon

Die Sünden die ich dir vergab
der Glaube der mit mir verstarb
das Wissen und die Pein
nie so vollkommen rein zu sein

wie deine Liebe

Dass ich nun heut in deinem Sinn
erwacht und auferstanden bin
und niemand der sich gläubig nennt
den Klang noch meiner Stimme kennt

nur du allein Maria – meine Liebe

Als ich ans Kreuz genagelt war
und keinen Freund mehr um mich sah
als selbst mein Vater mich verließ
warst du mein Weg ins Paradies

an jenem Morgen in Golgatha

Dein liebend Herz geleitet mich
jetzt da ich wenig königlich
jetzt da ich Mensch sein kann und Mann
sieh nicht empor – sieh mich nur an

ich bin dir gleich

Maria - geliebte Sünderin!

Armutszeugnis

Ich habe versagt in der Schule des Lebens
und nun traue ich mich nicht mehr nach Haus
alle Bemühungen waren vergebens
ein Armutszeugnis stellte man mir aus

Ich habe versucht die Regeln zu lernen
zum einen Ohr rein und zum anderen raus
ich ließ mich aus jeder Klasse entfernen
die Welt sieht von draußen viel freundlicher aus

Ich hab keinen Sinn für Gemeinschaft und Frieden
und ich halte mich nicht mit Erklärungen auf
ich hab Harmonie von jeher vermieden
und nehm jedes Unverständnis in Kauf

Ich hab mich verweigert den Eiden und Schwüren
Gehorsam lag niemals in meiner Natur
ich wollte nur die Ursprünglichkeit spüren
und nicht ticken nach eines anderen Uhr

Ich habe versagt in der Schule des Lebens
bekam oft Verachtung und nur selten Applaus
alle Bemühungen waren vergebens
ein Armutszeugnis stellte man mir aus

Mir fehlte die Einsicht, die Reife, der Willen
mir fehlte der Wunsch erwachsen zu sein
ich war stets zu laut unter all den Stillen
und reihte mich in keine Ordnung je ein

Nun steh ich da und bin durchgefallen
mir kam jede Botschaft und Lehre abhanden
mag sein ich bin nun der Dümmste von allen
doch vor mir selbst da hab ich bestanden

Digitale Asche von einem digitalen Hund

Videokonferenz-Kondolenz
ein virtueller Priester
preist elegant und mit Vehemenz
verblichene Biester
Timmy ist in der Schule
wir nehmen ihn auf
und mischen ihn später
auf die Blue-Ray mit drauf

Digitale Asche von einem digitalen Hund
auf einem digitalen Friedhof
aus einem ganz banalen Grund
Digitale Asche im DVD-Regal
für dich bellt Hasso immer
Stereo? Du hast die Wahl

Digitale Blumen
an einem digitalen Kranz
spul zurück auf „Start"
da wippt sein digitaler Schwanz

Digitale Asche von einem digitalen Hund
Sterben völlig keimfrei, beinah schon gesund
Digitale Asche in einem digitalen Garten
deine digitale Oma kann den Tod kaum noch erwarten

Nackenhaar

Ein verregneter Mittwoch im besten Hemd
ich schau aus dem Fenster und werde mir fremd
beim Versuch die Welt zu begreifen
seh ich nichts als Kreise und Streifen

Autos ertrinken hupend im Ampellicht
warum fluten sie bloß die Städte nicht
es wird doch wohl keinem schaden
den Rest seines Leben zu baden

Manchmal sträubt sich behutsam mein Nackenhaar
und warnt mich vor der nahen Gefahr
die mir von mir selber droht
dann schweig ich die Welt zurück ins Lot
wirklich wahr!

An solchen Tagen erscheint Poesie
mir wie ein fußkrankes, waidwundes Vieh
und ich möchte sie lieber verscharren
als in ihr auszuharren

Ich bringe die Worte so leicht durcheinander
ein Froschlurch wird mir dann zum Salamander
und ein Salamander wird mir zur Salami
und Tirami Su zum Tsunami

Manchmal sträubt sich behutsam mein Nackenhaar
und warnt mich vor der nahen Gefahr
die mir von mir selber droht
dann schweig ich die Welt zurück ins Lot
wirklich wahr!

Schuldig

Ich bin schuldig
ich möchte mich nicht verteidigen
ihre Intelligenz nicht beleidigen
ich bin so schuldig dass es mir schon fast
im Gesicht geschrieben steht
ich bin schuldig
so schuldig wie es nur irgend geht

Ich bin schuldig des Hochmuts
und der Völlerei
auch von Wollust und Neid
spreche ich mich nicht frei
ich bin schuldig
so schuldig wie es nur geht

Auch Faulheit und Geiz
hatten stets ihren Reiz
und mein Zorn
war enorm
ich bin schuldig
so schuldig wie es nur geht

Ich hab jede Sünde
mehrfach begangen
und in vollem Bewusstsein
damit angefangen
ich bin schuldig
so schuldig wie es nur geht

Und so beug ich mein Haupt
Hohes Gericht
aber bitte vergessen Sie nicht
welch mildernder Umstand
trotz allem noch für mich spricht

Ich war schuldig
und zwar zu jeder Zeit
auch der Liebe
und der Menschlichkeit

Versprochen Jochen

Hallo Jochen, wie gehts?
Lang nichts von dir gehört
nein, nein, keine Sorge
du hast nicht gestört
Was ich mache? Meinst du jetzt?
Na, das gleiche wie immer
ich sitze hier rum
in meinem Zimmer

Ob ich noch schreibe? Ha, ha
Was für eine Frage
ich schreibe bei Nacht
und ich schreibe am Tage
Ich und Jutta? Nein, nicht mehr
sie ist nicht mehr hier
jetzt hab ich endlich Platz
für das ganze Papier

Nein, wirklich, mein Lieber
das war kein Scherz
ich steh mehr auf Tiefsinn
und sie auf Kommerz
Ich verhöker doch nicht
meine Kunst, mein Gewissen
für einen Urlaub im Harz
oder ein paar Sofakissen

Und du so? Professor?
Was, schon drei Kinder?
Du trinkst nicht mehr,
na ja das ist auch gesünder
Ich brauch das, weißt du
so war's immer schon
nein, nicht zum Vergessen
nur zur Inspiration

Die andren? Ich weiß nicht
Max lebt in Bremen
nein, der meldet sich nicht
ja, der sollte sich schämen
Mal treffen? Ich weiß nicht
ich hab selten Zeit
das Schreiben, du weißt schon
doch, doch, tut mir leid

Mich mal melden? Natürlich
gar kein Problem
vielleicht können wir uns
im Sommer mal sehn
Da schreibe ich selten
die Hitze, du weißt
ach wie schade
dass du im Sommer verreist

Doch Jochen, ich freu mich
versteh das nicht so
ich würd gerne noch quatschen
doch muss dringend aufs Klo
Ich wollte dich auch schon,
fand nur nicht die Nummer
nein, nein mir geht's gut
ich hab keinen Kummer

Du Jochen, jetzt wirklich
sei mir nicht bös
mir drückt die Blase
da werd ich nervös
Ich meld mich sicher
klar doch, versprochen
noch in diesem Leben
versprochen Jochen

Der Mann auf dem Rücken des Esels

Im Sand saß ein Kind mit einer hölzernen Puppe
und sagte zu ihr: „Los iss deine Suppe
denn bist du nicht artig dann muss ich dich schlagen
das höre ich Papa doch auch immer sagen"

Und der Mann auf dem Rücken des Esels
berührte ganz sanft ihr Gesicht
dann ritt er weiter der Sonne entgegen
und verschmolz mit dem Licht

Eine Hure vom Mob an den Pranger gestellt
rief wütend aus: „Ich tu es für Geld
doch wer von euch beansprucht das Recht
zu sagen ich wäre verdorben und schlecht"

Und der Mann auf dem Rücken des Esels
berührte ganz sanft ihr Gesicht
dann ritt er weiter der Sonne entgegen
und verschmolz mit dem Licht

Ein Soldat die Beine von Minen zerfetzt
hustete heiser: „Gott sterbe ich jetzt
wirst du es sein der mich zu sich nimmt
oder ist mir am Ende die Hölle bestimmt"

Und der Mann auf dem Rücken des Esels
berührte ganz sanft sein Gesicht
dann ritt er weiter der Sonne entgegen
und verschmolz mit dem Licht

Einflugschneise

Im vierzehnten Stock im Plattenbau-Ghetto
steh ich bisweilen rauchend auf dem Balkon
die Asche landet zwischen „Aldi" und „Netto"
und sie fliegt viel schneller als Gedanken davon

Aus den Kläranlagen steigen Düfte und Gase
wer einen Job hat der hat sich schon von hier verpisst
auch der Kinderspielplatz ist keine Oase
weil manch Junkie dort seine Spritzen vergisst

Und wenn du mich fragst
wie ich das empfinde
dreh ich mich im Winde
und sage ganz leis :
Ich kann dich nicht hören
die Flugzeuge stören
scheiß Einflugschneise

Zwar hat diese Siedlung symmetrische Maße
es gibt auch eine Kirche seit einiger Zeit
doch man traut sich abends kaum auf die Straße
da machen die Gangs sich auf den Parkplätzen breit

Man kann in der Ferne noch Wälder erkennen
bei gutem Wetter und bei klarer Sicht
sofern sie nicht grade wieder Abfall verbrennen
dann sieht man die Hand vor Augen nicht

Und wenn du mich fragst
wie ich das empfinde
dreh ich mich im Winde
und sage ganz leise:
Ich kann dich nicht hören
die Flugzeuge stören
scheiß Einflugschneise

Im vierzehnten Stock im Plattenbau-Ghetto
steh ich bisweilen rauchend auf dem Balkon
das Schicksal hat für uns nichts Gutes in petto
ich glaube wir kommen nicht mehr davon

Die Liebe ist kein Fertighaus

Es gibt viel Liebesgedichte
opulente und auch schlichte
doch sie taugen nur bedingt
wenn erst mal der Alltag winkt

Glaubt mir: Es ist nicht gelogen
Liebe ist ein Bastelbogen
wo man kittet, reißt und klebt
wenn man erst zusammenlebt

Die Liebe ist kein Fertighaus
dass man mal eben so bezieht
manch Zimmer räumt man wieder aus
bevor man Zweck und Nutzen sieht

Die Liebe ist kein Fertighaus
sie bietet nur das Fundament
danach findet man selber raus
ob man das Baugewerbe kennt

Der Brief

Der Brief den du mir geschrieben hast
der kann mich weiß Gott nicht erschrecken
ich lese ihn mehrmals und ganz ohne Hast
manch Rechtschreibfehler ist zu entdecken

Und denk bloß nicht du dummes Weib
könntest mir Sorge bereiten
gab es keinen besseren Zeitvertreib
als Abschied auf knapp zwanzig Seiten

Ein Wort wär genug dich zu erklären
du nimmst dem Brief jedes Gewicht
mit dem krankhaften Zwang dich zu mehren
Wer so viel schreibt geht schließlich nicht

Augenzeuge

Keinen Schritt näher
das macht keinen Sinn
ich weiß am besten
wie verwundbar ich bin
und auch wo und warum
doch das ist meine Sache
ich weiß selbst oft nicht
was ich eigentlich mache

In Momenten wie diesen
wenn ich mal schweige
sei weiter nichts
als Augenzeuge

Bitte halt Abstand
das ist mein Revier
und ich bin weiß Gott
kein lammfrommes Tier
Ich kenne meine Seele
du siehst nur den Schein
es ist besser für dich
du lässt mich allein

Geht mein Widerstand
erst einmal zur Neige
sei weiter nichts
als Augenzeuge

Ich hab dich gewarnt
und wenn du nicht hörst
kann es gut sein
dass du alles zerstörst
Wer liebt der darf vieles
darum ist es dein Recht
doch glaub mir ich bin
für dich unsagbar schlecht

Und kommt erst die Zeit
wo ich dir das zeige
ist es zu spät
Gott ist mein Zeuge

Gestalten

In allen meinen Gestalten
bin ich wenig bis gar nicht enthalten
etwas anderes will ich nicht sein
als nur Schein

Nur

Nur der Morgen der den Tag küsst
dass dir klar ist
dass du lebst und dass du frei bist

Nur die Sonne die dich warm hält
aus dem Himmel in dein Herz fällt

nur das was du jeden Tag siehst
und woraus du deine Kraft ziehst

kleine Dinge – stumme Zeichen
die so leicht dein Herz erreichen

nur...........

Nur der sanfte Hauch des Windes
und die Augen eines Kindes
nur das Rauschen wilder Flüsse
zarte Hände – lange Küsse

Nur die Liebe die dich anlacht
und die dich von innen stark macht

kleine Dinge – Flüchtigkeiten
die um ihren Wert nicht streiten

nur...........

Nur das was wir alle kennen
nur das was wir Leben nennen
nur...........

Fahrradfahrer in Fußgängerzonen
(zivile Version)

Nicht weichen! Schießen – einfach nur schießen

Fahrradfahrer in Fußgängerzonen
(militärische Version)

Sofern keine unmittelbare Gefahr für Leib und Leben besteht
ist das Zielobjekt durch gezielte Schüsse auf die Reifen
fahr- und kampfunfähig zu machen

In Fällen bei denen die eigene Sicherheit akut gefährdet ist
sind die Schüsse auf den Körper des Zielobjekts zu richten

Passanten in der Schusslinie
sind als potentielle Fluchthelfer einzustufen
Nach einmaliger Vorwarnung ist das Feuer zu eröffnen

Kolalateralschäden sind akzeptabel

Morgen ist auch noch mein Tag

Verzeiht dass ich so offen verkünde:
Die Faulheit ist Muse, nicht Sünde
sie inspiriert mich weiß Gott nicht gelinde
keine bessre Gefährtin ich finde

und weil ich mich mit dem Fleiß nicht plag
von ihm absolut auch nichts wissen mag
steht`s mir zu dass ich die Prognose wag:
Morgen ist auch noch mein Tag

Irgendetwas braucht es schon

Irgendetwas braucht es schon
um nicht zu verzagen
in der Welt aus Spott und Hohn
in den dunklen Tagen

wo man Menschlichkeit nicht sieht
hinter der Fassade
dort wo wer die Strippen zieht
hart und ohne Gnade

da wo man die Wahrheit scheut
festhält an der Illusion
grade dort und grade heut
braucht es irgendetwas schon

sei es nur ein kleines Wort
oder ein Gesicht
egal wie dunkel auch der Ort
die Liebe bleibt das Licht

Zwei Dicke auf der Brücke

Zwei Dicke auf der Brücke
von Angesicht zu Angesicht
sie fanden keine Lücke
und weichen wollten beide nicht

Der eine sprach: Ich kam vor dir
der andre sprach: Nein, ich
so standen beide lange hier
und schimpften fürchterlich

Und hinter ihnen war es laut
weil eine Menschenmenge
sich bis weit an die Ufer staut
in furchtbarem Gedränge

Zwei Dicke in der Mitte
anstatt nun nachzugeben
haben sie sich gestritten
wie's oftmals ist im Leben

Keiner wich einen Meter weit
man spuckte, fluchte, boxte auch
und rieb sich eine lange Zeit
Auge in Auge, Bauch an Bauch

Zwei Dicke auf der Brücke
von Angesicht zu Angesicht
sie fanden keine Lücke
und weichen wollten beide nicht

Und dass sie heut dort nicht mehr stehen
liegt an der Schwerkraft Tücke
der Klügere gab schließlich nach
in diesem Fall: Die Brücke

Diskriminierter Raucher im Restaurant

Der Gast sprach zum Ober:
Ich hätte
jetzt gern eine fette Boulette
und mir wäre wohl
gäbe es dazu Kohl
und zum Nachtisch eine Zigarette

Der Ober sprach sehr gefasst
mit ruhiger Stimme zum Gast:
Mein Herr
ich glaube ich hätte
für Sie noch eine fette Boulette
und ich hätte auch wohl
dazu sicher Kohl
darauf halte ich jede Wette

Doch ich sag Ihnen frei ins Gesicht
rauchen mein Herr dürfen Sie hier drin nicht
darum wird es nichts mit der Zigarette

Der Gast sprach zum Ober:
Ich finde
dass ich dann wohl besser verschwinde
Leben Sie wohl
schieben Sie sich ihren Kohl
doch rückwärts in Ihr Gewinde

Und sollten Sie das nicht schaffen
kommen Sie raus zu mir – eine paffen

Im Großen und Ganzen

Das Leben ist eine Verschwörung
und außerdem gar nicht real
warum empfindet niemand Empörung
warum ist es allen egal

Ich weiß nicht wer dir so was erzählt hat
ob für Liebe oder für Geld
es klingt wie ein Spruch aus der Werbung
wie ein Witz den man nicht behält

so als würdest du sagen du liebst mich
und das deutsche Kino wär das beste der Welt

Im Großen und Ganzen
will ich nur tanzen
und wenn es geht dann mit dir
denn die Nacht ertrinkt viel zu langsam
in meinem abgestandenen Bier

Das Leben ist eine Verschwörung
wir wurden zu Opfern gemacht
das System verträgt keine Störung
es ist besser wenn man nicht erwacht

Ich weiß nicht wer dir so was gesagt hat
ob aus Dummheit oder aus Scham
wer dem Glück zu lange nachläuft
ist am Ende bestenfalls lahm

ich werd kein Versprechen halten
nur dich hielte ich gerne im Arm

Im Großen und Ganzen
will ich nur tanzen
und wenn es geht dann mit dir
denn die Nacht ertrinkt viel zu langsam
in meinem abgestandenen Bier

Die Gunst der Stunde

Falsche Propheten an jeder Straßenecke
sie wollen was verkaufen und sehen sehr gut aus
es spielt auch keine Rolle wie gut ich mich verstecke
am Ende muss ich doch irgendwann aus dem Haus

Ihr Paradies ist teuer und ich kann es erwarten
ich hab in diesem Leben noch genug zu tun
ich geh auf keinen Kreuzzug, mach keine Butterfahrten
bin gegen jede frohe Botschaft schon aus Prinzip immun

Ob sie nun Händchen halten oder Sticker falten
ich gebe nichts auf ihre Kunde
ich will mich selbst behalten
lass mich nicht gern verwalten
ich bin mit niemandem im Bunde
und pfeife auf die Gunst der Stunde

Sie wedeln mit Prospekten, duften nach Chrysanthemen
und laden dich ganz zwanglos in ihre Tempel ein
ich brauche keinen der mir sagt ich müsse mich sehr schämen
und glaub ihr Himmel ist für meine Zweifel viel zu klein

Ich hab's nicht mit der Bibel, was kümmern mich Gebote
ich kann mal recht, mal schlecht, auf eignen Füßen stehn
sie schaffen sicherlich auch ohne mich die Quote
soll ich an Götter glauben will ich sie lachen sehn

Ob sie nun Weihrauch sprühen oder Tee aufbrühen
ich gebe nichts auf ihre Kunde
sie können sich bemühen
vor lauter Eifer glühen
ich rede keinem nach dem Munde
und pfeife auf die Gunst der Stunde

Du sollst mich liebend umgeben

Du sollst mich liebend umgeben
gerade so als wär ich dein Mann
einen Tag nur und nicht ein Leben
von dem ich dann zehren kann

Du sollst mich völlig umfangen
eine einzige Nacht nur der Lust
und bin ich am Morgen gegangen
dann sei uns beiden bewusst

Nie mehr werden wir uns vereinen
denn wir gehören uns nicht
und mögen wir heimlich auch weinen
bleibt die Treue sodann unsre Pflicht

Doch heut will ich dich liebend umgeben
gerade so als wärst du mein Weib
diese Nacht sei für uns ein Leben
schenk dein Herz mir und deinen Leib

Nicht greifbar

Manchmal denk ich an Aliens die weit hinterm Pluto
aus Bildungsgründen Erd-TV sehen
die müssen doch denken wir wären bescheuert
und wenn die uns mal den Saft abdrehen
wäre ich ihnen nicht böse
würde nicht mit ihnen streiten
das wär nur eine weitere Variation
von „Gute Zeiten - Schlechte Zeiten"

Überhaupt komm ich mir manchmal vor
wie ein Flugzeug das seine Black Box verlor
wenn ich mal nicht mehr da bin wird von mir nichts bleiben
als was andere dann auf meinen Grabstein schreiben

                Manches ist nicht greifbar
                es steht mitten im Satz
                denn an anderer Stelle
                wäre kein Platz
                und die Frage ist gar nicht
                ob ich das brauch
                denn so bin ich auch

Manchmal steh ich nur da und bin sehr verwundert
grad so als ob mein Gefühl mich belog
dies ist das 21. Jahrhundert
alles ist digital nur ich bleib analog
Vielleicht leben wir längst in der Matrix
und wollen es nur noch nicht kapieren
ich fühl mich mein Leben lang schon wie E.T.
ich will nur nach Hause telefonieren

Überhaupt komm ich mir manchmal vor
wie das Wort eines anderen in meinem Ohr
wenn ich mal nicht mehr da bin wird mich keiner vermissen
es ist tröstlich und traurig zugleich das zu wissen

Manches ist nicht greifbar
es steht mitten im Satz
denn an anderer Stelle
wäre kein Platz
und die Frage ist gar nicht
ob ich das brauch
denn so bin ich auch

Stärker als die Nacht

Kein Wort das ich finde
beschreibt dich perfekt
vielleicht wurde das Wort
ja noch gar nicht entdeckt
Und ich müh mich vergeblich
ich weiß du bist da
doch meine Sprache
kommt dir nie wirklich nah

Hab die Regeln gebrochen
bin zu Kreuze gekrochen
und hab schließlich nur noch gedacht:
Manche Träume sind stärker als die Nacht

Kein Wort das ich finde
macht anderen klar
was ich in dir schon
von Anfang an sah
Und wie ich es letztendlich
auch wende und dreh
niemand wird je verstehen
was ich jetzt in dir seh

Hab den Kopf mir zerbrochen
mit mir selber gesprochen
und dann schließlich nur noch gedacht:
Manche Träume sind stärker als die Nacht

Kein Wort das ich finde
wird dir gerecht
es ist stets zu klein
oder klingt nicht echt
Vielleicht liegt es daran
dass es keines gibt
ohne einzugestehen
dass man dich liebt

Nichts anderes hast du mir beigebracht :
Manche Träume sind stärker als die Nacht

Füße

Mich in deine Hände
zu begeben
hieße zu allererst
mich dir zu Füßen zu legen

Nacht liegt auf den fernen Wegen

Nacht liegt auf den fernen Wegen
doch ich ahn des Himmels Blau
wenn wir in das Gras uns legen
und ich nach den Sternen schau

Heller sind nur deine Augen
nirgendwo will ich sonst sein
nicht zu andren Taten taugen
als zur Liebe ganz allein

Nacht liegt auf den fernen Wegen
und wir zwei vertrauen fest
dass uns Gottes guter Segen
tief und friedlich schlafen lässt

Schere wem Schere gebührt

Gar prächtig wallt mein Kopfhaar heut
was lieb ich es zu türmen
was kümmert mich die Klag' der Leut'
und soll es ruhig stürmen

wohl dem der volles Haar noch hat
ob auf dem Land – ob in der Stadt

Und werd ich auch oft in Versuchung geführt
wenn dein Händchen sanft meine Kopfhaut berührt
ich lass es nicht schneiden
das kann ich nicht leiden
da lasse ich mich eher von dir scheiden
Schere wem Schere gebührt

Nie anders als zu dieser Stunde

Nie anders als zu dieser Stunde
in diesem Licht sollst du mich sehn
will hören es aus deinem Munde
wenn wir uns gegenüber stehn

Nie anders als voll von Verlangen
will ich gedenken deinem Leib
so sei auch du heut unbefangen
und gib dich mir zum Zeitvertreib

Nie anders als zu dieser Stunde
in diesem Licht sollst du mich sehn
heut vereint uns ein stiller Bunde
morgen werden wir von uns gehn

Solche Tage sind längst gezählt

Der Sommer zu kalt
um ihn wirklich zu lieben
wir sind eine Nacht lang
in Bremen geblieben
dafür muss man sich nicht schämen
es gibt schlimmere Städte als Bremen

Dort nennt man das Kino noch Lichtspielhaus
und scheucht dich um fünf mit den Hunden raus
das Leben findet im Wochenblatt statt
das hat mehr Bilder als Leser
und wo Nebel steigt ist die Weser

Solche Tage sind längst gezählt
wir haben das Glück nur eine Handbreit verfehlt
und die Mehrheit der Passanten
hielt uns ohnehin für Komödianten

Der Kaffee zu dünn
um ihn wirklich zu trinken
die Arme zu schwer
um dem Kellner zu winken
dafür muss man nicht studieren
das kann jedem von uns passieren

Mir scheint die Bremer Stadtmusikanten
waren die Vorboten der Asylanten
das Wetter findet im Verborgenen statt
der Nordwind peitscht hart die Gräser
und wo's nass wird da ist die Weser

Solche Tage sind längst gezählt
wir haben das Glück nur eine Handbreit verfehlt
und die meisten der Passanten
taten als ob sie uns kannten

Method Acting

Ich hab mich der Liebe genähert
von allen erdenklichen Seiten
um mich so gut es geht
auf sie vorzubereiten

und als ich glaubte ich wäre perfekt
- oder wenigstens beinah gewesen -
habe ich leider - zu spät - entdeckt :
Ich hab das Drehbuch gar nicht gelesen

Sperren Sie die Ohren auf

Sperren Sie die Ohren auf
lauschen Sie dem Schweigen
weniger ist nun mal mehr
ich werd's Ihnen zeigen

Keine Lyrik die verquast
schreit nach Fragezeichen
ohne Filter ist das Hirn
leichter zu erreichen

Keine noch so kleinen Zweifel
an des Künstlers Intention
sperren Sie die Ohren auf
hören Sie es schon

Ungehemmt vom Wortschwall
nur den Kopf leicht neigen
das ist Kunst die greifbar ist
teilen Sie mein Schweigen

Meine Damen, meine Herren
Sie sind ergriffen wie ich seh
am Ausgang gibt's für 15.90
mein Schweigen auf CD

Urheberrecht

Rein rechtlich betrachtet
sollten Sie es nicht wagen
- ja nicht einmal daran denken -
Gott zu verklagen

denn er hat auf Ihr Leben
ob nun gut oder schlecht
ganz ohne Zweifel
das Urheberrecht

Auf Berge und Täler
auf Meere und Bäume
auf Hoffnung und Wut
und auf Ihre Träume

egal ob man wach ist
oder ob man pennt
Gott hat auf alles
ein Patent

Und wir hätten
mit ziemlicher Sicherheit
auch ein Problem
mit der Zuständigkeit

und Prozesskostenhilfe
die gibt es nicht
auch nicht auf Antrag
beim Jüngsten Gericht

Überdenken Sie bitte
noch einmal die Lage
ich mein es nur gut
wenn ich Ihnen sage

Gott hat auf Ihr Dasein
ob nun gut oder schlecht
ganz ohne Frage
das Urheberrecht

Ich lebe unterm Dach

Ich lebe unterm Dach
den Sternen nur verbunden
fern von der Nachbarn Krach
von keinem Mensch gefunden

Kein Briefschlitz und kein Türschild
hier bleib ich ohne Namen
nur Schwalben die im Frühling
in meine Nähe kamen

Ich seh die alte Sonne
auf- und auch untergehn
hier wo die Winde wärmer
durch alle Ritzen wehn

In der verbauten Schräge
leb ich in meiner Enge
fern von der Welt dort unten
und ihrer lauten Zwänge

Ich lebe unterm Dach
den Sternen nur verbunden
so soll es immer bleiben
von keinem Mensch gefunden

Der Löwe

Der Löwe aus Stein vor dem Rathausportal
sah hinab auf die Stadt am Tag vor der Wahl
und wünschte sich von den ehrbaren Greisen
zum Abendmahl ein paar zu verspeisen

Denn er hatte sie schon vor Jahren gesehn
mit den Hakenkreuzfahnen am Festplatz stehn
jene die heute mit schneeweißen Haaren
beteuern wie ahnungslos sie damals waren

Nun klopfen sie Schultern – nun schütteln sie Hände
die Herren der Lüge – die Meister der Wende
und jeder achtet sie und mag sie gern
denn Serbien ist nahe aber Belsen ist fern

Der Löwe aus Stein vor dem Rathausportal
sah in Gesichter voll Angst und voll Qual
er erlebte das Grauen hier zur Genüge
den Gestank, die Schreie, das Pfeifen der Züge

Er kannte die Opfer und zählte die Leichen
sah die Wahrheit schnell der Bequemlichkeit weichen
und die Henker werfen sich noch in die Brust
und sagen sie hätten von gar nichts gewusst

In Amt und Würden die Folterknechte
pochen woanders auf Menschenrechte
und jeder achtet sie und mag sie gern
der Irak ist nahe aber Dachau ist fern

Der Löwe aus Stein vor dem Rathausportal
sah hinab auf die Stadt am Tag vor der Wahl
und mahnte die Hüter der Demokratie :
Ein System könnt ihr wechseln – Menschen ändert ihr nie

Fremde Sterne

Ich hab fremden Sternen
deinen Namen gegeben
und so sehr gehofft
wir könnten dort leben
wo uns niemand findet
wo uns keiner kennt
und es wär mir egal
ob der Himmel verbrennt

Ich hab meine Feigheit
bereut und verflucht
und in manchem Glas
nach Erlösung gesucht
doch so viel ich auch trinke
und wie weit ich auch geh
es gibt nichts außer dir
was ich noch wirklich seh

Ich hab Lügen erzählt
und Versprechen gemacht
und dabei jedes Mal
doch an dich nur gedacht
Ich verliere jeden Halt
meine Welt stürzt grad ein
und ich will weiter nichts
als jetzt nur bei dir sein

Ich hab fremden Sternen
deinen Namen gegeben
und was heißt das schon :
Wir teilen kein Leben
Ganz egal was ich sag
ganz egal was du denkst
die Wahrheit ist :
Wir gehören uns längst

Ghostwriter

Für deine lieben Worte hab Dank
ich lege sie zu der Wäsche im Schrank
da liegen sie sicher und trocken
bei meinen Hemden und Socken

Und ich kann verstehen warum du mir schreibst
dass du mich zwar liebst aber trotzdem nicht bleibst
ich bin nicht so dumm wie ich manchmal schein
ich behalt nur mein Wissen gerne für mich allein

und an Tagen wie diesen fällt mir nichts bessres ein
als der Ghostwriter des Teufels zu sein

Ich kenn manches Herz das sich danach verzehrt
dass man es nicht aus eitlen Gründen begehrt
doch für jede Liebe die ich kenne gilt
Sie ist weiter nichts als mein Spiegelbild

und vielleicht fällt mir nie mehr etwas besseres ein
als der Ghostwriter des Teufels zu sein

Der Herbstwind ist den Bäumen gram

Die Schatten der Zweige wie Hände
huschen auf dem Asphalt
und auch durch das Gelände
naturgemäß grade im Wald
Sie greifen nach Mädchen und Knaben
mich packt der frostige Graus
über mir krähen die Raben
und es ist weit bis nach Haus

Aus Angst beginn ich zu dichten
inmitten von Tannen und Fichten

Der Herbstwind ist den Bäumen gram
weil sie die Menschen plagen
mich nehmen sie auch auf den Arm
wie peinlich das zu sagen
Ich heule Rotz und Wasser grad
mach mir fast in die Hosen
so dass ich Gott um Hilfe bat :
Mach aus den Bäumen Rosen

Mein Wunsch wurde sogleich erhört
doch sollte sich schnell rächen
denn ich entdeckte höchst empört
wie arg doch Rosen stechen
Sie pieksen tief in Arm und Bein
und auch in Hinterteile
ich geb es zu sie duften fein
doch lieber wär ich heile

Vor Schmerz beginn ich zu fluchen
und schrei nach Birken und Buchen

So bin ich nun den Rosen gram
hab manches Loch zu flicken
und ich gestehe voller Scham
Nie will ich sie mehr blicken
Da zieh ich doch die Bäume vor
ab jetzt für alle Zeiten
und trifft mich auch ein Ast am Ohr
wird's mir nicht Gram bereiten

Schöngeister streiten sich nicht

Vielleicht noch ein Gläschen Beaujolais
bevor ich dir an die Wäsche geh
ein Gedicht von Rilke, ein Zitat von Kant
und du zerfließt mir eloquent in der Hand

Nun zier dich nicht wie ein Zierrosenstrauch
dein „Nein" heißt doch du willst es auch
komm öffne die Lippen und sei nicht dumm
dann dreh ich dir das Wort im Munde um

Schöngeister streiten sich nicht
im Straßenverkehr, im Bett, vor Gericht
in der Ehe, im Alltag und überhaupt
schön wenn man das glaubt

Ich schlüpf elegant aus meiner Wildlederjacke
bevor ich dich armani-entpacke
die Lust wird dadurch nicht kleiner
ein Hoch auf alle Designer

Vielleicht wär der Abend noch netter
auf meinem Diwan voller Rosenblätter
ich bin auch kein knausriger Knilch
und füll den Whirlpool mit Eselsmilch

Schöngeister streiten sich nicht
im Straßenverkehr, im Bett, vor Gericht
in der Ehe, im Alltag und überhaupt
schön wenn man das glaubt

Mein Mantra vom Tantra
ist durchaus nicht kindisch
sondern tibetanisch
oder wenigstens indisch
du wirst es schon sehn
schön, schön, wunderschön

Schöngeister streiten sich nicht
im Straßenverkehr, im Bett, vor Gericht
in der Ehe, im Alltag und überhaupt
schön wenn man das glaubt

Der önigsudel

Ich schenkte meiner Freundin
zum Geburtstag einen Hund
doch hat sich schnell herausgestellt
der Bursche tickt nicht rund

Er knabberte das Tischbein an
nagte an der Tapete
und fraß sich draußen ungeniert
durch alle Blumenbeete

Die Zeitungen und Schuhe
die machten's auch nicht lang
er futterte die Möbel auf
vom Stuhl bis hin zum Schrank

Schließlich fraß er das Alphabet
(und später noch ne Nudel)
wir stoppten ihn erst viel zu spät
den doofen önigsudel

Nervöse Souffleuse

Da sitzt man der Kunst sehr zugetan
im Rang oder auch im Parkett
und wünschte sich dass die Julia
nicht grade heut Durchfall hätt'

Zwar gibt es eine Vertretung
doch die verhaspelt sich schwer
und steht da mit rotem Kopfe
als wenn sie ein Bratapfel wär

Das ließe sich wohl noch verschmerzen
denn es gibt einen tieferen Ort
wo jemand hockt und das Textbuch hält
und aushilft mit fehlendem Wort

Aber die nervöse Souffleuse
ist leider auch nicht vom Fach
noch gestern war sie Friseuse
und in Grammatik ganz schwach

Der Romeo zuckt mit den Schultern
sein Gegenüber bleibt stumm
so nimmt er vorweg den Schluss schon
und stöhnt: Gleich bring ich mich um

Julia solle dazu etwas sagen
so die Meinung im Publikum
doch sie bleibt wie im ganzen Akt schon
bratapfelrot und recht stumm

Das ließe sich wohl noch verschmerzen
denn es gibt einen tieferen Ort
wo jemand hockt und das Textbuch hält
und aushilft mit fehlendem Wort

Aber die nervöse Souffleuse
ist leider auch nicht vom Fach
noch gestern war sie Friseuse
und in Grammatik ganz schwach

Der Abend bleibt ein Fiasko
der Intendant verliert den Verstand
der Herr von der Presse notiert
„Äußerst extravagant"

Und der nervösen Souffleuse
ist jeder aus vollem Herz böse
dabei ist sie doch so eine Nette
und sag : Ich bin gerne Souflette

Man muss die Götter loben

Ewig schmeckt die Jugend nach Revolte
sagt sich jeder Art von Normen los
treibt ins Unverhoffte, doch Gewollte
und verströmt sich liebend grenzenlos

Hält sich keinen Vorwand je zugute
strebt nach Sinn und nach Wahrhaftigkeit
niemals ist ihr zögerlich zumute
und kein Horizont scheint ihr zu weit

Und sie ist berauscht von jenem Zauber
der das Leben erst mit Spannung würzt
denn sie weiß man muss die Götter loben
bevor man sie aus dem Himmel stürzt

Mist

Es ist Mist
wenn der Bademeister Nichtschwimmer ist
du deine Braut in der Kirche vergisst
wenn dein Hund deine Hausschuhe frisst
das ist Mist

Geht man zum Bach-Konzert
und sie spielen dort Liszt
das ist Mist

Es ist Mist
wenn man auf deine Klobrille pisst
Mick Jagger sagt er wär ab heut Pianist
und dein Spiegel dich fragt wer du bist
das ist Mist

Ist man Bauarbeiter
und fällt vom Gerüst
das ist Mist

Es ist Mist
wenn man deinen Geburtstag vergisst
die eigene Frau dich nicht vermisst
wenn dein Hamster deine Briefmarken frisst
das ist Mist

Wenn man träumt man wär tot
und es dann gar kein Traum ist
das ist Mist

Es ist Mist
wenn man Cabrio fährt und es pisst
man seinen Schlüssel in der Wohnung vergisst
wenn einen nur die eigne Mutter noch küsst
das ist Mist

Fällt dir ne Kippe beim Tanken
in den Kanister
und entdeckst du im Bett
die Miss ist ein Mister
und statt Sonnenschein
gibt's einen Twister
dann ist das nicht nur Mist
sondern mister

Freiheit vierfünfzig

Bei uns wird sie groß geschrieben
das suggeriert: Man ist für sie nicht blind
Und das in einem Land wo 30 Prozent
wahrscheinlich Legastheniker sind
Wenigstens lässt sie sich gut besingen
von Frau Milva und Herrn Westernhagen
na ja die beiden hatten eh keinen Grund
freiheitsmäßig irgendwas zu beklagen

Schon eher die Svenja aus Zwickau
denn früher hat es eine Mauer gegeben
20 Prozent haben das längst vergessen
das war in einem anderen Leben
In Guantanamo wussten sie auch nicht so recht
mit dem Begriff irgendwas anzufangen
und anderswo musste man das Wort nur flüstern
schon wurde man aufgehangen

Heute heißt es gern: Freiheit ist Geld
oder umgekehrt, ganz wie sie wollen
man kann sie nicht sehen, man kann sie nicht schmecken
man muss sie auch nirgends verzollen
Ich seh sie schon für vierfünfzig
wenn ich durch den Media Markt geh
Mir ist sie nicht grundsätzlich suspekt
ich mag sie nur nicht auf CD

Wahrnehmung

Ich beschreib dich in leuchtenden Bildern
grad so wie mein Geist dich erblickt
doch dich wie du bist nur zu schildern
das ist mir noch niemals geglückt

Mag sein dass die Sicht mir verbaut ist
und schmückendes Beiwerk dich schützt
oder dass du mir schon zu vertraut bist
und die Sachlichkeit mir nicht mehr nützt

Du bist mir die Schönste von allen
Modell brauchst du dafür nicht stehn
du musst nicht meinen Augen gefallen
ich hab dich mit dem Herzen gesehn

Lustige Lebewesen

Wenn im Fernsehn grad nichts läuft
und dich plagt die Langeweile
geh mal einfach auf die Straße
völlig zwanglos ohne Eile
Setze dich auf eine Parkbank
stelle dich an Straßenecken
es gibt in der freien Wildbahn
sonderbares zu entdecken
Arme, Beine und Nasen im Gesicht
doch das ist es nicht alleine
nein, das mein ich nicht

Lustige Lebewesen streunen durch den Tag
und sind sich nicht sicher ob sie jemand mag
Manche tragen Schlipse, andre eine Last
manche sehn wie wir aus, andere nur fast
Lustige Lebewesen gibt es ziemlich viel
manche gucken traurig, andere debil
manche können jodeln, manche können lesen
manche sind sogar schon in Dänemark gewesen

Du brauchst sie ja nicht zu füttern
und wenn du sie streicheln magst
glaube ich es wäre besser
wenn du sie mal vorher fragst
Manche laufen in der Herde
andre finden einfach keine
ab und zu sieht man auch welche
die wären gern an der Leine

Röcke, Hüte Schuhe an den Füßen
manche voller Güte
andre wollen büßen

Lustige Lebewesen streunen durch den Tag
und sind sich nicht sicher ob sie jemand mag
Manche tragen Schlipse, andre eine Last
manche sehn wie wir aus, andere nur fast
Lustige Lebewesen gibt es ziemlich viel
manche gucken traurig, andere debil
manche können jodeln, manche können lesen
manche sind sogar schon in Dänemark gewesen

Lustige Lebewesen auch im Bundestag
und die sind sich sicher dass sie keiner mag
Lustige Lebewesen auf der Autobahn
die mit roten Köpfen die rechte Spur befahrn
Lustige Lebewesen die im Baumarkt stehn
und voller Verlangen nach Kettensägen sehn
Lustige Lebewesen in Berlin und Bonn
Lustige Lebewesen – auch du bist eins davon

Marco kehrt heim

Marco kehrt heim
in einer silbernen Kiste
jeder der ihn vermisste
findet sich ein
dort auf dem Rollfeld
beim mausgrauen Flieger
wissen sie jetzt
Krieg kennt keine Sieger

Und der Minister
rückt sich ins Bild
sagt dass sein Bedauern
den Eltern gilt
und dass Marco starb
für eine sehr edle Sache
sei ihnen ein Trost
- dass ich nicht lache

Marco kehrt heim
und kann nicht mehr erzählen
dass die Beine ihm fehlen
und wie er starb ganz allein
im Trommelfeuer
von Granaten zerfetzt
Krieg kennt keine Sieger
begreifen sie es jetzt

Und der Minister
spricht sein Mitgefühl aus
doch die anderen Jungen
holt er nicht nach Haus
Vielleicht sollte jeder
der so etwas entscheidet
erst selbst an die Front
und sehn wie man leidet

Marco kehrt heim
in einer silbernen Kiste
jeder der ihn vermisste
findet sich ein
und dann hisst man die Fahne
der er Treue schwor
und für die er sein Leben
völlig sinnlos verlor

Identität

Vor dem Fenster Sonne
in den Augen Schnee
Antidepressiva
und Kamillentee
Hier kann ich nicht bleiben
schon morgens ist es spät
ich hab keine Ahnung
wohin die Welt sich dreht

Alle stellen Fragen
nach meinem Gemüt
Türen haben Augen
und der Teppich blüht
Hier will ich nicht leben
schon atmen fällt mir schwer
ich hab keine Ahnung
wo es besser wär

Draußen herrscht ein König
der von mir nichts weiß
er treibt seine Hunde
keuchend übers Eis
Wenn er einmal tot ist
wird es ewig Nacht
und wir werden wünschen
wir wären nie erwacht

Eine Eigenart

Eine Eigenart
morgens aufgewacht
hat ganz ohne Grund
plötzlich nachgedacht

und dann traurig resümiert
dass sie niemand definiert

Eine Eigenart
fand das Schweigen hart
und war sehr deprimiert
denn sie wusste nicht
ob sie wirklich existiert

Eine Eigenart
vor dem Schlafengehn
konnt den großen Sinn
noch nicht recht verstehn

schlief mit dem Gedanken ein
sie könnt eigenartig sein

Eine Eigenart
fand das Schweigen hart
und war sehr deprimiert
denn sie wusste nicht
ob sie wirklich existiert

Schnell

Oft laufen wir so schnell wir können
wollen uns keine Pause gönnen
bis wir dann irgendwann erkennen
dass wir nicht laufen sondern rennen

Mehr als das

Hier bin ich mit tausend Gedichten
und denke daran sie zu vernichten
dann könnte ich sagen: Ich bin nicht gewesen
denn es gibt kein Wort von mir zu lesen

So spare ich mir die Bestandsaufnahme
schreib nicht einmal mehr für meine Herzdame
und fragt man mich nach einem Buch
dann lache ich: Netter Versuch

Es gibt mehr als das
es gibt mehr als mich
es gibt mehr als Menschen und Orte
ich bin mehr als das
ich bin mehr als nur
die Summe all meiner Worte

Ich bin leer und habe nichts mehr zu geben
ich schrieb immer nur um mein Leben
und habe bis heute gedacht
dass die Kunst erst den Menschen macht

Es gibt keine Pfade mehr zu beschreiten
vor mir liegen nur noch leere Seiten
doch ich hab keine Angst mehr davor
seit ich meine Sprache verlor

Es gibt mehr als das
es gibt mehr als mich
es gibt mehr als Menschen und Orte
ich bin mehr als das
ich bin mehr als nur
die Summe all meiner Worte

Botanik

Du sagst Worte sind wie Blumen
und man müsste sich bemühn
sie zu hegen und zu pflegen
weil sie sonst nicht richtig blühn

Deine Stilblüten sind albern
und versetzen mich in Panik
du hast kein Gefühl für Sprache
ich hab keines für Botanik

Geliebte Feindin

Bist du mir nicht mehr gewogen
hat dein Wesen sich gewandelt
hat dein Mund mich frech belogen
wenn sein Wort von Liebe handelt

Oh du meines Herzens Schöne
wandelst du auf fremden Pfaden
lachst wenn ich vor Schmerzen stöhne
harrend vor den Palisaden

die mit Arglist du erschaffen
und flugs zwischen uns gestellt
wie wehr ich mich solcher Waffen
wo du mir doch bist die Welt

Horizont im Mittelpunkt der Stadt

Wenn morgens die ersten erwachen
dann mag ich mich noch mal drehn
doch mein Liebling reicht mir die Sachen
weil es wieder mal Zeit ist zu gehn

Draußen pfeift eine fröhliche Menge
die Fabriken öffnen den Schlund
ich mach mir nichts aus dem Gedränge
und Fabriken sind nicht sehr gesund

Einer tut was er kann, der andere lässt es
ich brauch keinen Rat, besser ihr vergesst es
ich bleib bei den Spatzen, denn die sind zufrieden und satt
und der Horizont liegt im Mittelpunkt der Stadt

Es wartet das Vieh auf den Bauer
und den Bäcker erwartet das Brot
ich hab weder Frohsinn noch Trauer
ich hab weder Reichtum noch Not

Auf mich warten einfach nur Worte
dafür braucht es kein Büro
dafür braucht es nicht einmal Orte
sie kommen wenn sie kommen einfach so

Einer tut was er kann, der andere lässt es
ich brauch keinen Rat, besser ihr vergesst es
ich bleib bei den Spatzen, denn die sind zufrieden und satt
und der Horizont liegt im Mittelpunkt der Stadt

Geht der Tag dann schließlich zur Neige
und die Bürger strömen rasch heim
kann es sein dass ich einfach nur schweige
darauf macht euch selbst einen Reim

Lügen

Die erste Lüge nicht so schlimm.
Es war nur aus der Not.
Man wollte keinem wehtun.
Davon geht man nicht tot.

Die zweite Lüge denkt sich:
Es lief beim ersten Mal
die dritte Lüge hat
dann kaum noch eine Wahl

Nun stehn da all die Lügen
lachen mir ins Gesicht:
Du wolltest eine Wahrheit
haha die kriegst du nicht

So viele kleine Lügen
versammeln sich um mich
sag noch einmal die größte
Sag mir: „Ich liebe dich

Westhafen

Hey schau das Getreidesilo steht noch
nur heut heißt das Zeug Cerealien
und wo es früher nach Weizen roch
stinkt es jetzt nur noch nach Fäkalien
Und Amerika, Rico, ist auch nicht so fern
wie damals vor zwanzig Jahren
wenn ich in den Spiegel seh oder dich anguck
fass ich kaum wie jung wir mal waren

Wo die Disco war wird heut Trödel verramscht
und Joe's Pinte ist lang schon geschlossen
wir haben damals aus Langeweile
seine Scheiben mit nem Katschi beschossen
Und weißt du noch wie Anna uns in diesen Zeiten
mehr geraubt hat als nur den Verstand
wir wollten sie beide doch sie zog mit so nem Fuzzi
bei Nacht und Nebel Richtung Disneyland

Hey Westhafen du altes scheußliches Monster
von den Jahren erschöpft und zerfressen
du siehst nicht gut aus, tut mir leid das zu sagen
nun sag bloß du hast uns schon vergessen
ey wir sind's doch nur die verrückten Zwei
die sich rumdrückten auf deinen Kähnen
mit geschnorrten Kippen, geklautem Fusel
und hunderttausend bescheuerten Plänen

Wo sie früher am Fruchthof die Container parkten
stapelt sich heute Schrott in die Höhe
und der Kran auf den wir damals immer stiegen
ist fort soweit ich das sehe
Na ja heut müssen wir das nicht mehr haben
diesen Blick von ganz oben auf alles herab
denn es lebt nicht mehr viel von dem alten Zauber
und es ist still hier wie in einem Grab

Die haben den Kanal irgendwie umgeleitet
die Lastkähne stehn heut im Osten
ich hab irgendwann in der Zeitung gelesen
das wär günstiger so von wegen der Kosten
Doch uns beide, Rico, hat keiner gefragt
ob wir etwas dagegen haben
sie schickten uns nicht mal ein Telegramm
um die Geister hier zu begraben

Hey Westhafen du altes scheußliches Monster
von den Jahren erschöpft und zerfressen
du siehst nicht gut aus, tut mir leid das zu sagen
nun sag bloß du hast uns schon vergessen
ey wir sind's doch nur die verrückten Zwei
die sich rumdrückten auf deinen Kähnen
mit geschnorrten Kippen, geklautem Fusel
und hunderttausend bescheuerten Plänen

Ich hab gehört Anna hätte fünf Kinder
wär zweimal geschieden und hätte studiert
damals warn wir beide so unglaublich nah dran
noch ein paar Wochen dann wär was passiert
Vielleicht wollte sie nicht zwischen uns wählen
und nahm deshalb den leichten Weg raus
und jetzt wo wir wieder hier stehen
wünschte ich sie käme endlich nach Haus

Ich heul nicht, Rico, hab nur was im Auge
das liegt an dem dämlichen Wind
komm lass uns gehen, wir stehn schon zu lang hier
wo wir doch keine Kinder mehr sind

Das modebewusste Zebra

Ein Zebra sprach zum Nilpferd:
„Ich kann es nicht begreifen
man trägt in diesem Sommer
eindeutig keine Streifen
Du kannst mir wirklich glauben
ich bin voll deprimiert
ich wäre soviel lieber
ganz grün/gelb kariert

schließlich bin ich eine Dame
stilbewusst und mit Niveau"
da sagte das Nilpferd :
„Ah ja hmm soso"

Mein Nachbar

Meinen Nachbarn verschlugs nach Mallorca
und genau genommen noch weiter
denn dort fraß ihn leider ein Orca
so ein Urlaub ist nicht grade heiter

Ich weilte bei seinem Begräbnis
- nur kurz - denn ich war in Eile
es war ein recht trübes Erlebnis
denn der Wal ließ nicht allzu viel Teile

Die lagen da nun in der Kiste
und die Gemeinde schrie: "Prost"
ich weiß dass ihn niemand vermisste
er weiß es nicht - das zum Trost

Mein bleiches weiches Henkerskind

Es zerrt der Wind an meinem Haar
von dem nicht viel verblieben
ahnst du wie jung und schön ich war
verdorben und durchtrieben

und wie ich nur zum Zeitvertreib
mit meinen Säften protzte
dir bleibt nur dieser welke Leib
der deiner Schönheit trotzte

Mein bleiches weiches Henkerskind
knüpf zärtlich mir die Schlinge
und dreh den Hals um mir geschwind
wenn ich von Liebe singe
wenn ich von Liebe singe

Es zerrt die Zeit an meinem Sein
und wird es bald auch enden
gestehe ich doch lachend ein:
Ich mag mich gern verschwenden

auch wenn ich hier fast reglos häng
du kannst mich wohl bewegen
wenn ich mich näher zu dir dräng
dann gib mir deinen Segen

Mein bleiches weiches Henkerskind
knüpf zärtlich mir die Schlinge
und dreh den Hals um mir geschwind
wenn ich von Liebe singe
wenn ich von Liebe singe

Nun leg den Strick um mein Genick
mit weicher Hand und hartem Blick
und wenn der Fall den Hals mir bricht
dann wein um unsre Liebe nicht

Mit der Hand an der Waffe

Harald B. war vierundvierzig
und Versicherungsvertreter
das Geschäft lief nicht sehr rosig
abends wurde es oft später
die Kredite wuchsen ständig
durch die Zinsen auf das Haus
und er sah an manchen Tagen
fast wie achtundachtzig aus

Seine Frau war sehr viel jünger
und sie wollte was erleben
etwas von dem süßen Leben
doch das konnt er ihr nie geben
Also zog sie los mit Kerlen
die so alt warn wie sein Sohn
und er hockte ganz verzweifelt
nächtelang vorm Telefon

Als der Umsatz nicht mehr stimmte
wurde Harald B. entlassen
und entdeckte dass es leicht ist
Gott und diese Welt zu hassen
wenn man abgebrannt und down ist
alle über einen lachen
wird es Zeit für einen Schlussstrich
muss man etwas anders machen

Harald B. war vierundvierzig
und zu lange Fußabtreter
wer ein Leben lang sein Maul hält
wird vom Opfer leicht zum Täter
Seine Frau stand in der Haustür
sagte ihm: „Ich lass mich scheiden"
und da brachen alle Dämme
er wollte nicht länger leiden

Mit der Hand an der Waffe
saß er achtundvierzig Stunden
auf dem Boden vor der Leiche
dann hat ihn sein Sohn gefunden
Und mit starrem Blick nach unten
sagte er : „Du musst verstehn
ich tat alles nur für sie
und da kann sie doch nicht gehn"

Dinge bilden ein Muster

Das Universum das du kennst
wenn du in meinem T-Shirt pennst
ist auch nicht anders als der Rest
ich beweis es dir und halt dich fest

Schau an die Wand, die Schatten fliegen
selbst wenn wir ganz still hier liegen
und ich weiß nicht was du fühlst
wenn du so nah hier bei mir bist
doch die Welt ist wie sie ist
ist wie sie ist

Dinge bilden ein Muster
das hat oft einen Wert
oder es ist verkehrt
das liegt nur an der Sicht
Dinge bilden ein Muster
das hat oft einen Wert
aber wie man's erklärt
das weiß ich wirklich nicht

Was du von mir zu wissen glaubst
wenn du mir meine Worte raubst
und sie einfach zu deinen machst
nur weil du keine eignen hast

macht mich noch nicht originell
dafür geht alles viel zu schnell
vielleicht geht's gut, vielleicht geht's schief
wenigstens ist es intensiv

Schau an die Wand, die Schatten fliegen
selbst wenn wir ganz still hier liegen
und ich weiß nicht was du fühlst
wenn du so nah hier bei mir bist
doch die Welt ist wie sie ist
ist wie sie ist

Dinge bilden ein Muster
das hat oft einen Wert
oder es ist verkehrt
das liegt nur an der Sicht
Dinge bilden ein Muster
das hat oft einen Wert
aber wie man's erklärt
das weiß ich wirklich nicht

Zwei Fischer

Zwei Fischer hockten fröhlich am Rhein
und lockten die Fische ob groß oder klein
in ihr riesiges Netz mitten hinein

Ob Aal oder Wal
war ihnen egal
es ging - Petri Dank -
allein um den Fang

Zwei Taucher tauchten grimmig im Rhein
gar dreckig ihr Job doch es musste sein
doch plötzlich – welch Ding, da fing man sie ein

Und so oder so,
sie waren nicht froh
denn sie hingen jetzt
verworren im Netz

Zwei Fischer staunten: Das kann doch nicht sein
Seit wann gibt es Gecken auch mitten im Rhein
und sie schmissen die Taucher wieder hinein

Ob Aal oder Wal
wär letztlich egal
auch Kabeljau,
doch ohne Helau

Staunende Kinder am Meer

Zwei staunende Kinder
mit offenen Mündern
am Meer
das erste sprang hinein
das zweite gleich hinterher

Zwei staunende Kinder
mit offenen Mündern
im Meer
das erste versank und ertrank
das zweite staunte noch mehr

Generalamnestie

Will euch eure Schulden erlassen
großherzig will ich mich zeigen
was nützt es schon sich zu hassen
wer hat schon etwas vom Schweigen

Will euch eure Fehler vergeben
und übe mich nun in Geduld
so ist es ein besseres Leben
frei von jeder Bürde und Schuld

Will nun nicht mehr schlecht von euch denken
ich reiche euch Herz und auch Hand
hab euch manches Lächeln zu schenken
wir sind doch vom gleichen Stand

Jedoch meldet sich mein Gewissen
und sofort packt mich mächtig die Reue
Wer mag seinen Feind schon vermissen
Hört: Ich hasse euch nun aufs Neue

Elektrische Krankheit

Ich sah ihn bei Viva
mit Schaum vor dem Maul
er nannte sich Diva
dabei heißt er Paul
hat Pickel wie Krater
in seinem Gesicht
doch im Video - seltsam -
da sieht man das nicht

Die elektrische Krankheit
hat alle gepackt
man steht unter Strom
und fühlt sich halbnackt
denn das Spotlight
ist ein hungriges Messer
wenn es dich benutzt
geht es dir besser

Ich traf ihn im Kempinski
er zahlte mit Scheck
hatte Pickel wie Krater
und sah schnell weg
Sein Bodyguard
verriet mir den Grund:
Man legt ihm die Worte
druckreif in den Mund

Die elektrische Krankheit
hat alle gepackt
man schwimmt mit dem Strom
und wird abgewrackt
denn das Spotlight
ist ein modisches Tier
wenn du nicht mehr „in" bist
will es nichts mehr von dir

Killing Fields

Tod kommt aus der Luft
ein grelles buntes Feuerwerk
wofür starb der Mann am Kreuz
wofür stieg Moses auf den Berg

Er nimmt dich bei Nacht
und er holt dich bei Sonnenlicht
er macht keinen Unterschied
er sieht nicht dein Gesicht

Manchmal kommt er offen
manchmal bleibt er unentdeckt
und du bist für ihn nicht mehr
als irgendein Insekt

Er fragt nicht nach deinem Namen
ihn kümmert nicht wer du bist
er kommt um zu ernten
und du bist das was er frisst

Tod kommt aus der Luft
aber der Mensch sitzt hinterm Steuer
drückt den Knopf und lässt die Bestie los
auf dem Feld aus Feuer

Domina Deluxe

Sie lebt First Class rund um die Uhr
Jet Set Madonna – Luxus pur
ihr Business ist von jener Art
wo man am großen Geld nicht spart
Deshalb ist sie auch niemals klamm
hat einen festen Kundenstamm
die Wirtschaftskrise war nie schlimmer
doch ihre Sparte die boomt immer

Sie hat ein breites Repertoire
von hart bis hin zu ganz bizarr

Domina Deluxe
sie kennt alle Tricks
krümmt dir Haut und Haar
für ihr Honorar
Domina Deluxe
Hüterin des Glücks
schlägt dich windelweich
in ihr Himmelreich

Bei ihr kommst du unter die Räder
für dich da trägt sie Lack und Leder
oder macht dir die Ordensschwester
und du winselst: Bitte noch fester
In ihrer Uniform bringt sie enorm
den schlaffsten Schlappmann noch in Form
dir wird vor Angst erst heiß dann kalt
wenn sie mit ihrer Peitsche knallt

Und ist dir diese Kur zu lax
gibt es ne Ladung Kerzenwachs

Domina Deluxe
sie kennt alle Tricks
krümmt dir Haut und Haar
für ihr Honorar
Domina Deluxe
Hüterin des Glücks
schlägt dich windelweich
in ihr Himmelreich

Manchmal da ignoriert sie dich
bis du bettelst: Bestrafe mich
und wenn du ihre Stiefel küsst
begreifst du dass du wertlos bist
Ihr Rohrstock fordert deinen Mund
du liegst in Ketten, bist ihr Hund
und sie kennt so verboten viele
sinnlich brutale Fesselspiele

Domina Deluxe
sie kennt alle Tricks
krümmt dir Haut und Haar
für ihr Honorar
Domina Deluxe
Hüterin des Glücks
schlägt dich windelweich
in ihr Himmelreich

Warum

Warum weiß nur mein Steuerberater
wie ich wirklich veranlagt bin?

Deutschland bierernst

Keine leichte Jugend
Frohsinn stets tabu
Schweigen eine Tugend
besser man hört zu
was die Alten sagen
die waren dabei
kennen alle Fragen
Henne oder Ei

Doch alle vier Jahre wird das Land erhellt
da stehn wir im Fokus einer ganzen Welt
und so manche Weisheit ist eine sehr banale:
Mindestens Halbfinale

Sag nicht Brandt, nicht Wehner
das macht sie nur sauer
wenn du schon reden musst
dann sag Beckenbauer

Sie feiern in Bayern
und auch im Revier
ewig blühn die Wälder
ewig fließt das Bier

Endlich wieder stolz sein
und Prestigegewinn
fragt man dich nach Wembley
sag bloß nie: Der war drin

Badesaison

Sie nehmen jetzt Eintritt fürs Baden im Meer
ich finde das nicht so verkehrt
bei all dem Öl was darin so schwimmt
ist das Wasser doch einiges wert

Nähe

Lautlos formen sich verdrängte Fragen
hell wie Licht und schärfer doch als Speere
Hoffnung siegt - es weicht das Unbehagen
Keine Antwort zwischen Glück und Leere
Nur Gefühl und neu geschöpfter Glauben
haltlos zwar doch grade deshalb wahr
Wünsche die sich in die Wolken schrauben
soviel Mut trotzt eisern der Gefahr

Nähe: Nur ein Tasten nach Verständnis?
Nähe: Nur ein fast versiegter Bach?
Nähe: Weiter nichts als ein Bekenntnis
stark im Wort - fürs Leben viel zu schwach ?

Nähe: Eine Möglichkeit von vielen?
Nähe: Eine nie besiegte Sucht?
Nähe: Der Versuch vereint zu fühlen?
Nähe: Ausweg oder Flucht?

Ziellos scheint der Weg sich zu verlieren
Zeit verrinnt wie warmer weicher Sand
und die Angst noch einmal zu erfrieren
stirbt vielleicht in deiner sanften Hand
Dann blüht Mut und zögerndes Vertrauen
wenn der Zweifel der Gewissheit weicht
dass wir eine starke Brücke bauen
die das Ufer irgendwann erreicht

Nähe: Ein Versuch sich neu zu finden?
Nähe: Ein vertrautes tiefes Meer?
Nähe: Ohne Ketten sich zu binden
schwierig zwar und dennoch nicht zu schwer

Nähe: Das Gefühl sich zu gehören
Nähe: Kein verbotenes Revier
Nähe: Nie die Liebe zu zerstören
Nähe: Weiter nichts als einfach wir

Manche Menschen

Manchen Menschen gelingt es
aufrecht durchs Leben zu gehen
die lassen sich nicht verderben
die taugen fürs Widerstehen

Die lassen sich nicht bestechen
die horten nicht Hab und Gut
die zeigen bescheiden innere Größe
und prahlen nicht mit ihrem Mut

Und mögen es auch zu wenige sein
auf dem Angesicht dieser Erde
so sind sie doch mehr als es scheint
und besser als ich jemals werde

Manchen Menschen gelingt es
Halt für andere Menschen zu sein
die tragen ihre Bürde mit Würde
und fischen nicht nach Schmeicheleien

Die lassen sich nicht verbiegen
die pressen sich in kein Korsett
die sind einfach nur wahrhaftig
die benötigen kein Etikett

Und mögen es auch zu wenige sein
auf dem Angesicht dieser Erde
so sind sie doch mehr als es scheint
und besser als ich jemals werde

Manchen Menschen gelingt es
scheinen sie oft auch so klein
etwas Bleibendes zu hinterlassen
und von Bedeutung zu sein

(Für meine Oma)

Weser-Ems-Kanal

Da stand sie nun mit festem Willen zur Schönheit
am Busbahnhof morgens um acht
ihre Freundinnen gingen jetzt gerade zur Schule
oder haben noch schnell etwas Petting gemacht

Sie blickte sich noch einmal wehmütig um
zu der Koppel mit den traurigen Pferden
in einem Land wo es einfacher ist
Popstar anstatt Friseuse zu werden

Eine Landschaft zog am Fenster vorbei
sie sah das alles zum letzten Mal
ihr Geld würde nicht bis Spanien reichen
doch weiter als bis zum Weser-Ems-Kanal

Die anderen standen rauchend auf dem Schulhof
und fragten sich wo sie bleibt
kann sein wenn sie weiter als bis Frankreich kommt
dass sie ihnen mal ein paar Worte schreibt

Sie steckte sich einen Knopf ins Ohr
und hörte melancholische Lieder
ihre Eltern dachten daheim sicherlich:
In ein paar Stunden kommt sie doch wieder

Eine Landschaft zog am Fenster vorbei
doch das war ihr jetzt ziemlich egal
sie wusste die große weite Welt
beginnt hinterm Weser-Ems-Kanal

Absteigender Ast

Na hören Sie mal
wer will denn schon träumen
in diesen Zeiten
und dann noch von Bäumen

hab ich was übersehen
oder hab ich was verpasst
ich bin wie ein Käfer
wie ein Siebenschläfer
auf dem absteigenden Ast

Na sagen Sie mal
die Natur sei natürlich
das ist ein Trugschluss
und höchst ungebührlich

hab ich was nicht verstanden
hab ich nicht aufgepasst
ich bin wie ein Specht
wie das Menschengeschlecht
auf dem absteigenden Ast

Nun können Sie raten
wie fest ich mich lege
und woran ich beständig säge
Ja, Sie haben es erfasst

An dem absteigenden Ast

Libero

Er spielt den Pass
den keiner erreicht
zuckt mit den Schultern
und nimmt es leicht
dann hebt er den Finger:
„Schiri, ich muss aufs Klo"
er darf das
denn er ist der Libero

Er steht im freien Raum
alles scheint wie ein Traum
und wenn man grätscht und tritt
macht er einfach nicht mit
Und der Trainer sagt traurig:
„Das ist nun mal so
er darf das
denn er ist der Libero"

Der Torwart kam gestern
etwas früher nach Haus
da kam der Libero
aus seinem Schlafzimmer raus
und seine Gattin
die jauchzte froh:
„Er darf in meinen Strafraum
denn er ist der Libero"

Textmarker

Die Stellen die du in Büchern markierst
sagen mir gar nichts – wie Du
das Schöne an diesen Büchern ist:
Man klappt sie einfach zu

So also war dein Ende

Kein Gott der dir den Schmerz nahm
in deinen letzten Tagen
kein Engel der hinab kam
um dich ins Licht zu tragen
Nur deine stumme Bitte
die dir kein Arzt erfüllte
bevor der Tod dich gnädig
in weiße Tücher hüllte

So also war dein Ende
davor kein Trost, nur Pein
nie sollten fremde Hände
so ohne Mitleid sein
Ein Knopf nur war zu drücken
doch keiner hat's getan
obwohl sie jeden Tag
dich furchtbar leiden sahn

Kein Arzt der sich erbarmte
sie faselten von Pflicht
und auch der brave Pastor
sagte er könne nicht
Ach würden sie doch alle
an deiner Stelle sein
keinen Finger würd ich rühren
um sie vom Siechtum zu befrein

Flugfeld

Am Flugfeld in der Morgenkühle
in unanständiger Frühe
standen zwei klapprige Stühle
und dazwischen drei klapprige Kühe

Der Mäher kämpft gegen das wuchernde Grün
offensichtlich vergebliche Mühe
nah dem Hangar duftet es nach Benzin
(deshalb sieht man dort keine Kühe)

Ein Flugzeug landet und rollt über die Bahn
während ein anderes beinah schon startet
die Kühe, die davon so gut wie nichts sahn,
ahnten dass wohl der Bauer schon wartet

So trotten sie gemächlich davon
mit prall gefülltem Euter
auf dem Flugfeld nahe bei Bonn
geht das Leben unaufgeregt weiter

Die Macht der Worte

Der Dings traf den Bums in Du-weißt-schon
und reichte ihm freundlich die Hand
man konnte nur deshalb sich leiden
weil es hier schwarz auf weiß stand

Denn wäre dem nicht so gewesen
hätte man sich massakriert
so aber wurden die beiden
durch mein Gedicht kontrolliert

Das ist nun beileibe kein Wunder
es ist nichts als die Macht der Worte
doch Dings und Bums sind mir schnuppe
ich schreib mir lieber eine Torte

Sterne und Wissenschaft

Wenn die Dunkelheit ihre Schatten verstreut
und die Stimmen sich langsam entfernen
naht jene Stunde die mich herzlich freut
und ich blicke empor zu den Sternen
Noch ist es zu hell um sie gut zu erkennen
doch man weiß ja um ihre Gegenwart
ich könnte sie alle beim Namen benennen
und ordnen nach Größe und Art

Die Wissenschaft macht uns gerne klar
dass wir sie ja nicht wirklich sehen
denn ihr Licht braucht bis hier viel mehr als ein Jahr
ach das mag doch wer will verstehen
Ich sehe sie also sind sie auch da
und seh ich sie nicht sind sie`s auch
da wird mir wieder mal sonnenklar
wie wenig ich die Wissenschaft brauch

Eine Straße die Freiheit heißt

Eine Straße die Freiheit heißt
stehn lauter Nutten drauf rum
hat das nun was zu bedeuten
ist das genial oder dumm

Man könnte doch auch zum Beispiel
da eine Schule errichten
oder eine Deponie
wo sie Raketen vernichten

Oder ein Museum
für Uschi Obermaier
ich meine: Hallo Uschi
wann war die Liebe je freier

Man könnte Blumen da pflanzen
und sie am besten auch gießen
oder den Bundestag
dort kurzerhand erschießen

Eine Straße die Freiheit heißt
da fällt mir so vieles ein
aber Nutten, Mensch Nutten
das muss nun wirklich nicht sein

Lügen wie gedruckt

Manch Schelm bevorzugt das Anonyme
den Schattengang, das Verboten-Intime
die süße Schwere
der Frage „Was wäre?"
Ob ich das kenn'?
Was wäre wenn?

Ich bin kein Spanner, ich bin kein Gaffer
kein loser Geselle, kein gieriger Raffer
kein Glücksritter
und kein Vagabund
ich rede viel
aber keinem je nach dem Mund

Ich bin nicht der den der Pöbel bespuckt
den der Richter verknackt weil das Fell ihn so juckt
ich muss mich nicht schämen
das nicht auf mich nehmen
ich kann nur eins: Lügen wie gedruckt

Ich bin kein blinder Ausreden-Erfinder
keine Plage der Menschheit, kein Schrecken der Kinder
ich bin kein Büßer
kein sorgloser Genießer
und kein Hindernis-Überwinder

Ich bin nicht der den der Pöbel bespuckt
den der Richter verknackt weil das Fell ihn so juckt
ich muss mich nicht schämen
das nicht auf mich nehmen
ich kann nur eins: Lügen wie gedruckt

Was bis heute geschah...

Angst kann man nicht lernen, die hat man
nur manchmal glaubt man sie wäre nicht da
und spürt das Bedürfnis jemandem zu erklären
was bis heute geschah

Man pfuscht im Drehbuch des eigenen Lebens herum
und das Ergebnis wird täglich suspekter
vielleicht wäre das Ende irgendwie noch zu retten
mit dem richtigen Art-Director

Ob Drama oder Komödie
man bleibt darin stets Statist
und man mag für das Publikum hoffen
dass es den Film schnell wieder vergisst

Da sind viele weiße Stellen im Script
und manches was man gestrichen hat
am Ende bleibt man unter dem Strich
nur ein unbeschriebenes Blatt

Angst kann man nicht lernen, die hat man
nur manchmal glaubt man sie wäre nicht da
und spürt das Bedürfnis jemandem zu erklären
was bis heute geschah

Hausfrauenart

Wir speisten gediegen im „Alten Fritz"
und bestellen uns Blaue Forelle
da schlug etwas ein und zwar der Blitz
und grillte selbige auf die Schnelle

Als der Ober dann mit der Rechnung erscheint
kratzt er sich verlegen den Bart
was dort steht ist wohl keinesfalls ernst gemeint :
Forelle auf Hausfrauenart

Unversöhnt

Nur Zorn im Blick, dahinter stete Leere
gebückt, gebeugt vom harten Waffengang
der Jugend kam ein Weltkrieg in die Quere
davon wurd er an Leib und Seele krank

Sibirien, drei Winter unter Tage
geplagt von Skorbut, Wundstarrkrampf und Ruhr
ganz ohne Trost in aussichtsloser Lage
bis ihn der Zug zurück nach Mühlheim fuhr

Die Frau die ihn am Bahnsteig „Liebster" nannte
erschrak vor seinem hageren Gesicht
er war ein Fremder den sie kaum erkannte
doch sie hielt sich an ihre Ehepflicht

Er schrie im Schlaf, aber er schwieg am Tage
sein dürrer Leib bot keinen Halt bei Nacht
das Leben mit ihm war nur Last und Plage
doch sie hat selten an sich selbst gedacht

Er ging nicht aus dem Haus, trank ohne Maßen
doch schlug sie nie und wurde auch nicht laut
und wenn sie schweigend auf dem Sofa saßen
wünschte sie sich in eine fremde Haut

Er starb so lautlos wie er mit ihr lebte
ein Husten und dann kurz nochmal gestöhnt
er starb so lautlos wie er lebte
- unversöhnt

Muckenwald starb

Muckenwald starb. Ich erinner mich wohl.
Er hatte ein freundliches Wesen.
Sein Atem roch angenehm nach Menthol.
Und er hat gerne gelesen.

Sein Schreibtisch geräumt. Als wenn's ihn nie gab.
Das Büro schickte einen Strauß Rosen.
Wird Muckenwald ungemein freuen im Grab.
Lieber wären ihm Pflaumen in Dosen.

Muckenwald starb. Ich konnte ihn leiden.
Er hat nie vor Überlastung geklagt.
Still war er und äußerst bescheiden.
Und selten wurde ihm Nettes gesagt.

Sein Platz neu besetzt. Es braucht seine Zeit
an den Neuen sich zu gewöhnen
Jünger ist er und grinst immer breit.
Und beim Arbeiten hört man ihn stöhnen.

Muckenwald starb. Was er hinterließ?
Ich kann es nun wirklich nicht sagen.
Zwar sprachen wir mal über das und auch dies
doch zu mehr darf man mich nicht befragen.

Hatte er Kinder? Einen Hund? Eine Frau?
Mir ist als wenn er was erwähnte
doch ich erinnere mich nicht genau.
Und weiß auch nicht wonach er sich sehnte.

Muckenwald starb. Ganz ohne Getöse.
Und hinterlässt eine Lücke.
Nicht nur deshalb bin ich ihm böse.
Man springt nicht einfach so von der Brücke.

Sprache und Schlichtheit

Ich gehe morgens aus dem Haus
das ein anderer gebaut hat
ich falle abends in ein Bett
das ein anderer gemacht hat
ich mache Dinge
die sich jemand anders schon getraut hat
ich hab Gedanken
die ein andrer schon gedacht hat

Ich habe einen Lebenslauf
der mich frontal ins Nichts führt
ich habe einen Traum
der nicht im Fernsehen läuft
ich habe einen Menschen
der mich ab und an berührt
ich habe einen Freund der mein Geld versäuft

Ich wollte Schlichtheit in meiner Sprache
ich wollte Rosen in deinem Garten
ich wollte Schlichtheit in meiner Sprache
ich muss noch warten, noch warten, noch warten

Inhaltsverzeichnis

Das Ungenaue   21
Klein – groß   22
Wer liebt der will belogen sein   22
Der einbeinige Hampelmann   23
Siebenmonatskind   24
Astrologen   26
Neulich auf dem Deich   26
Die Beliebigkeit   27
Nachruf auf den Schüler Krause   28
Ich bin nicht was ich schreibe   29
Trage dich den Sternen an   30
Schmetterlinge im Schnee   30
Das Herz ist durstiger als der Mund   31
Schaumstoff   32
Die Wahrheit kommt in die Jahre   34
Tag viertel-rot   35
Als die Postzusteller noch Briefträger hießen   36
Brückenpfeiler – nach Mitternacht   37
Ausblick   38
So muss es gewesen sein   40
Für Sophie, Hans und die anderen   41
Spielzeugautos unnummeriert   42
Springen   43
Kaspar lauf   44
Ein Beispiel für den Artenschutz   46
Die Freiheit des Zeichners   47
Frühling   47
Sie hat ein so schweres Herz   48
Interessant   50
Verjährt   51
Feiglingsfrieden   52
Der guten Worte Saat und Beet   54
Fanprojekt   55
Mephistos Gebet   56
Der Bundesgesundheitsminister warnt   58
Hinters Licht geführt   58

Eine sehr zersägte Dame   59
Junge Christen aus aller Welt   60
Die Welt ist im Arsch   61
Synonym   61
Der Geruch von Marlon Brando   62
Kein Denken ohne Tat   64
Maßlos   65
Im Autokino mit deinen drei Schwestern   66
Ich werf dir meine Sprache nach   67
Ich tu es doch auch für dich   68
Unkomplizierte Beziehung   69
Living in a box   70
Ans Lenkrad gefesselter Mann   71
Ein Dichter   71
David keins – Mandy eins   72
Meine Geliebte   73
Der Affe   74
Spätere Scheidung nicht ausgeschlossen   76
Lola 15   77
Unterbodenschutz   78
Ford Mustang   79
Wer ich bin   80
Mit einer Flasche am Ufer im Mai   81
Schwere Höhe   82
Eine Art von Ohnmacht (Über G.)   83
Auswärtsspiel   84
Mehr als einen Grund   86
Verwildert   87
Mandys Mond   88
Alles bleibt im Rahmen   89
Traurige Gedanken   90
Belichtung   92
Jesus war ein Rockstar   93
Wir haben bessere Tage gesehn   94
Fraglos fragwürdig   95
Loch im Bauch der Zeit   96
Papa   98
Du kannst sagen   99
Wonach ich mich wirklich sehne   100
Buschmann   101

Hier haben die Jahre stattgefunden 102
Der Pilot 104
Niemands Herr und niemands Knecht 105
Zweite Abfahrt links hinterm Mond 106
Die Welt der Väter 108
Kabul reloaded 109
Sie lacht nur an Tagen mit „M" 110
Ihr Lächeln starb zu jung 111
Der Soundtrack meiner Generation 112
Deutschland entblöde dich 113
Die größte Erfindung war die Wirklichkeit 114
Dich mir näher denken 115
Pendlerpauschale 115
Heimatfront 116
Sie wird in ihrer Schönheit sich verschwenden 118
Er kehrte als ein anderer heim 119
Vermummungsverbot 120
Aufbruch ohne Einwand 120
Flügellahm 121
Traum vom Aufstand der Klofrauen 121
Der Gärtner 122
Komplex 123
Deutsche Mütter 124
Hausfrauengebet 126
In den Wolken deiner Seele 127
Kleine Heldin 128
Ich hab einen Engel gesehn 130
Auf der Suche nach einem Gedanken 131
Ich tu nur so als ob 132
Das Auto 133
Ich habe dich geliebt 134
Haarspalterei ist eine ehrbare Kunst 135
Sturmzeit 136
Andacht 137
Als die Steine sprachen 138
Weiteste Ferne 138
Ich stand am Bus und spuckte nach der Sonne 139
Nun bin ich ohne Adresse 140
Manchmal stehst du neben dir 141
Anchorage ist nicht real 142
Dem Freund der sich dem Wein ergeben 143
Unter meinem Fenster 144
Er taugte nur einen Sommer zum Fliegen 145

Berufsklatscher 146
Romantik 148
Backstage 148
An einem Strand aus Papier 149
Ich würde gern wissen 150
Olympische Spiele 151
Golf 151
Houston kommen 152
Paul der Psychologe 153
Mörderhut 154
Die Irre 155
Eden brennt 156
Blonde Freude 157
Tage vor der Furcht 158
Die Bahnfahrt 160
Das Mädchen 162
Ex 163
Langsame Helden 164
Heiterkeit 165
Bananenstauden 165
Pfefferminzland 166
Mein Ringelnatz 167
Ich will nicht klagen 168
Hippokrates 169
Zurück von den Sternen 170
Ballade vom traurigen Platzwart 171
Nach der Zukunft 172
Ihr guten Worte 173
Aus Mangel an Beweisen 174
Es lebte ein Kind auf den Dächern 175
Löwenherz 176
Schaulustige 177
Martha 178
Aus der Balance 180
Höheren Mathematik 180
Kerosin 181
Die Einzigartigkeit der Frage 182
Mein Juli-Mädchen 184
Fluten 185
An den Hund den ich nie hatte 186
Koma-Gedanken 187
Eines Tages 188
Könnte 189

Der Zeitvogel   190
Was ich dir hinterlasse   191
Meidet die Pop-Kultur   192
Risiko-Beitragserhöhung   193
Die Hunde   194
Besuch in Leipzig   195
Spätfolgen   196
Manchmal wäre ich gerne verschollen   196
Kompetenzgerangel   197
Wenn ein Schneemann dir plötzlich Eisblumen schenkt   197
Bin ich ein Teebeutel oder was ?   198
Gambit   200
Gießen   201
Vorweihnacht   202
Ich hätte dir so gerne   203
Betrachtung einer stillen Liebe   204
Neigung   205
Rio wartet   206
Zeiten   207
Flaches Land   208
Erstschlagserklärung   209
Die Jahre vergehen wie im Flug   210
Ich hab nur Spaß gemacht   212
Verzeihung ich möchte nicht stören   213
Die Prinzessin von nebenan   214
Das Inserat   215
Unabsichtlich   216
Dein Lachen ist auch nicht mehr das was es mal war   217
Liebe in lausigen Zeiten   218
Wo der Hund begraben liegt   219
Manchmal fehlt es an allem   220
Schulmedizin   222
Teufel im Detail   223
Station IV   224
Bewaffnet   225
Umdrehungen pro Minute   226
Eins von deinen Blättern   226
So viel mögliche Poesie   227
Neid ist die Schwester der Liebe   227
Kinderstars   228
Die Einsamkeit des Langstreckenläufers   229
Billig-Blau   230
Hiergeblieben   231

Der Nebel   232
Boxerweisheit   233
Mike hat ein Auge aus Glas   234
Gegenverkehr   235
Tempolimit   235
Wachsmalstifte   236
Unvermittelbar   237
Die Liebe ist ein Einzelkind   238
Tragische Liebe in Moll   240
Asche im Tee   241
Sie nahm nichts mit   242
Sex Bomben   243
Der Mann den es nicht gibt   244
Der Liebe stille Stürme   245
Ganz der Alte   246
Mein schönstes Gedicht   247
Aufwachen   248
Vor der Kirche   248
Abgehoben   249
Mit keinem Bein im Leben   249
Ein Haus auf dem Land   250
Schöne Stadt   252
Made in Taiwan (nicht bei IKEA)   254
Mein bester falscher Freund   255
Immer noch dieser zornige Mann   256
Wie Kafka, nur kleiner   257
Tiefe   258
Global gesehen   259
Nur noch lachen   260
Der Junge der ich mal war   262
Glück   263
Ich denke oft an Hanna im April   264
Gelegentlich sollte man reisen   265
Geliebtes Herz   265
So weit – so gut – so schön   266
Widerrechtlich abgestellt   267
Zweite Haut   268
Wäre grün plötzlich blau   268
Der Schrankenwärter   269
Ich habe mich verlaufen   270
Widersprich mir wenn du kannst   272
Früher hast du nie (sagt er)   274
Dein Hund   275

Feine Hände   276
Ich bin nicht aus dem Holz aus dem man Helden schnitzt   278
Die Menschheit   279
Meer aus Asche   280
Herr Peters vom Postamt   282
Warum noch schreiben ?   283
Der dreibeinige Tanzdackel   283
Ich bin ein Personalpronomen   284
(Wir hingen rum) Auf einem Regenbogen   286
Mit Pinguinen kegelt man nicht   287
Spiegel   288
Purity   288
Geheimnisse   289
Sprinter   289
Das Kreuz   290
Ich möchte meinen Frieden mit euch machen   292
Erinnerung an eine Fremde   293
Die Sonne steht zu tief   294
Fotothese   295
Der Mai mag kommen   296
Der schweigende Mann   297
Rothaar   298
Bach – Fluss – Meer   299
Kleine Puppe   300
Spirit of St. Louis   301
Josef's Krieg   302
Drei junge Männer und ein schrecklich alter Hund   303
Die Sterne werden bluten   304
Tage ohne Anfang   306
Konfuzius sagt   307
Die dunkle Seite meiner Träume   308
Haus der hochbegabten Kinder   310
Wiedergeburt   312
Weder noch   313
Arizona   314
Reh-Kapitulation   315
Der Tag an dem der Arzt mit dir alleine reden wollte   316
Die dreizehnte Lilie   317
Ich träumte von Frauen auf Schiffen   318
Tirami Su   319
Versichert   320
Privatleben   322
Mein Vorschlag zur Bekämpfung der Arbeitslosigkeit   323

Golgatha   324
Armutszeugnis   326
Digitale Asche von einem digitalen Hund   327
Nackenhaar   328
Schuldig   329
Versprochen Jochen   330
Der Mann auf dem Rücken des Esels   332
Einflugschneise   333
Die Liebe ist kein Fertighaus   334
Der Brief   335
Augenzeuge   336
Gestalten   337
Nur   338
Fahrradfahrer in Fußgängerzonen   339
Morgen ist auch noch mein Tag   340
Irgendetwas braucht es schon   340
Zwei Dicke auf der Brücke   341
Diskriminierter Raucher im Restaurant   342
Im Großen und Ganzen   343
Die Gunst der Stunde   344
Du sollst mich liebend umgeben   345
Nicht greifbar   346
Stärker als die Nacht   348
Füße   349
Nacht liegt auf den fernen Wegen   349
Schere wem Schere gebührt   350
Nie anders als zu dieser Stunde   350
Solche Tage sind längst gezählt   351
Method Acting   352
Sperren Sie die Ohren auf   352
Urheberrecht   353
Ich lebe unterm Dach   354
Der Löwe   355
Fremde Sterne   356
Ghostwriter   357
Der Herbstwind ist den Bäumen gram   358
Schöngeister streiten sich nicht   360
Der önigsudel   361
Nervöse Souffleuse   362
Man muss die Götter loben   363
Mist   364
Freiheit vierfünfzig   366

Wahrnehmung   367
Lustige Lebewesen   368
Marco kehrt heim   370
Identität   372
Eine Eigenart   373
Schnell   373
Mehr als das   374
Botanik   375
Geliebte Feindin   375
Horizont im Mittelpunkt der Stadt   376
Lügen   377
Westhafen   378
Das modebewusste Zebra   380
Mein Nachbar   380
Mein bleiches weiches Henkerskind   381
Mit der Hand an der Waffe   382
Dinge bilden ein Muster   384
Zwei Fischer   386
Staunende Kinder am Meer   387
Generalamnestie   387
Elektrische Krankheit   388
Killing Fields   389
Domina Deluxe   390
Warum   391
Deutschland bierernst   392
Badesaison   392
Nähe   393
Manche Menschen   394
Weser-Ems-Kanal   395
Absteigender Ast   396
Libero   397
Textmarker   397
So also war dein Ende   398
Flugfeld   399
Die Macht der Worte   400
Sterne und Wissenschaft   400
Eine Straße die Freiheit heißt   401
Lügen wie gedruckt   402
Was bis heute geschah   403
Hausfrauenart   403
Unversöhnt   404
Muckenwald starb   405
Sprache und Schlichtheit   406

Inhaltsverzeichnis 408

Über den Autor 417
Danksagung 418

Über den Autor :

Bild : Regine S. Uhe

Thomas Heyroth wurde 1962 in Berlin geboren und
ist seit 1982 als Textdichter tätig (GEMA Nr. 954978).
Die in diesem Band enthaltenen Texte „Rothaar",
„Ford Mustang" und „Bach-Fluß-Meer", sowie weitere
vertonte Texte des Autors befinden sich u.a. auf den CD's
des Berliner Duos „Schwarzblond".

Nähere Informationen dazu und zahlreiche Texte des
Autors befinden sich auf seiner Homepage :
http://nachtpoet.npage.de/

Danksagung :

Mein Dank gilt – neben den bereits auf Seite 5 erwähnten Personen – insbesondere meinem Verlag, vor allem Andrea el Gato (Lektorat) für unermüdliche Hingabe und Doro

Benny Hiller und Monella Caspar („Schwarzblond"), die meinen Texten eine Stimme gaben,

Andreas Kaeding („The Billard King"),

Marina und Winfried Möller, Sabine Eckard,

Andreas Buda („Du fehlst mir"),

Franziska Brill („Bleib wie Du bist"),

John Vaughan („The Magic Music Man") und seiner Frau Petra,

Jenny Uhe, Roy und Jade,

Österreichs Literatur-Hoffnung Nr. 1 : Sandra Gloning,

Regina Froitzheim, Dunja Khoury, Lisa Nicolis, Barbara Kopf, Cordula Verleih, Birgit Bernicke,

der "Wortfee" Susanne Markgraf,

Steven (endlich mal jemand, der was von Musik, Filmen und Comics versteht),

Dr. med Joachim Pfeifer + Praxis Team,

Marianne Wasserfurth, Kerstin Reiseck,

Dr. Hartmann und Dr. Thiele,

„Dixie" Wulfert (Freund und Lehrer. Danke.),

sowie

Peter Bitomsky, Kerstin Rathsmann, Claudia Speidel,
Hildegard Harnos, Jens Bose, Elke und Hermann,
Christopher Rogerson, Holger Goldacker,
Henry Hoffmann, Andreas Stalla, Wiland Uffrecht,
Jürgen Kuschewsky und Familie, Carola Behrend,
Claudia Schulz, Helmut Richter, Annette Eisenhart,
Heike Steinfeld und Familie, Petra Baumgart und
Familie, Gabriele Gerdum, und Familie inc. meinem
coolen Kumpel Timo und seiner Sandra,
Sabine Braun, Marianne Luge, Kerstin Manz, Team 33,
allen die es verdienen beim AG TGT, Shirley und Cathrin
bei der KEJ,
den Hagelberger Jungs (, Wayne Grajeda, Jesse Ballard,
Robert Williams, Joe Kucera, Hans Hartmann,
Tommy Goldschmidt, Richard de Bastion u.a)
für coole Mucke, Marlies Bach, Hannes Lambert,
Elke Papadopoulos, Frank Christoph, Ute Blendowsky,
Michael Musal, Romy Haag

Verzeiht mir, wenn ich jemanden vergessen habe.

Bereits erschienen
Mein Kind soll leben

die bewegende Autobiografie der Autorinnen Claudia und Hedwig Kleineheismann

Ich starrte den Arzt fassungslos an. Tränen stürzten aus meinen Augen. In meinem Kopf schrie immer nur ein Satz:
„Claudia muss sterben. Ich kann nichts mehr für sie tun, die Ärzte können nichts mehr tun, o Gott hilf uns." Ein maximal zwei Jahre gibt der hochkarätige Mediziner Claudia noch. Dann wird sie aufgrund ihres stark geschwächten Herzens friedlich einschlafen. Wie Hedi mit dieser niederschmetternden Diagnose umgeht, wie sie Löwin im Kampf und das Leben ihres Kindes wird erfährt der Leser in diesem nachdenklich stimmenden Buch, das aufzeigt, wie wichtig und aktuell das Thema Organspende ist.

Das sagen Leser:
Euer Buch ist vorgestern angekommen, ich habe mal reingeschaut und habe mich festgelesen, eine Nacht mehrere Stunden, auf dem Klo, beim Frisör gestern...ich konnte es nicht weglegen, habe mit Euch gelitten, geweint, mich gefreut. Ich danke Euch für diesen Bericht, der Mut macht, aber auch Grenzen zeigt, der zeigt, dass die Euphorie, mit der manche ihre LTX kaum erwarten können, nicht angebracht ist.
Euer Optimismus, Eure Kraft waren und sind ausreichend, ein so schweres Leben zu meistern. Dem Buch wünsche ich den Erfolg, den es verdient. Es zeigt, dass der menschliche Wille, Liebe, aber auch entsprechende Demut, Glaube, Mut und Hoffnung, die Bereitschaft, nie aufzugeben immer neuen Auftrieb verleiht.

Heide Schwieck

Weitere Lesermeinungen und Pressestimmen zu diesem Buch finden Sie unter
www.traumstunden-verlag.de
ISBN-13: 978-3-942514-00-2 Taschenbuch 318 Seiten 15,95 €

Bereits erschienen:

Hab keine Angst
Brigitte Lauterberg

3. Auflage

Die Fürstenfeldbrucker SZ schrieb 2007:

Brigitte Lauterbergs Krebstagebuch macht Mut.

Es ist eine Geschichte über Leiden und Freude, über Hoffnung und Verzweiflung, Leben und Tod. Und eine Geschichte über eine große Liebe zwischen zweier Menschen, die auch die grauenvolle Zeit der Krankheit nicht erschüttert. Es ist vor allem aber die Geschichte einer ungewöhnlichen Frau; Brigitte Lauterberg, die im Herbst 2006 den Kampf gegen den Krebs verlor.

"Das Buch ist schön und nicht belastend", schrieb eine Leserin an Robert Lauterberg."Nur am Ende habe ich geweint, wie alle. Was war Brigitte für eine starke Frau."

ISBN-13: 978-3-942514-03-3 Taschenbuch 154 Seiten mit zahlreichen Farbfotos 15,95 €

Bereits erschienen:
In der Macht des falschen Glaubens

Ilona von Feldberg

Wissen Sie was in der kleinen Holzlaube in Nachbars Garten vor sich geht? Können Sie sich vorstellen, dass der nette ältere Herr von nebenan gefährlich ist?Glauben Sie, dass sich Männer und Frauen freiwillig wie Opferlämmer in dieser Holzhütte unter dem Deckmantel der Esoterik ausliefern?Nein?Dann lesen Sie den haarsträubenden Tatsachenroman von Ilona von Feldberg mit dem Titel: „In der Macht des falschen Glaubens", . Es geschah und geschieht noch immer mitten in Deutschland im 21. Jahrhundert.

Leseprobe:

Langsam aber sicher bekam ich große Angst. Von Ronaldo erhoffte ich mir zu diesen geheimnisvollen Vorgängen klare Antworten. Wie sollte ich das, was neuerdings mit mir passierte sonst verstehen können? Welche Aufgabe erwartete mich in meinem jetzigen Leben, dass sogar meine Schwingungen erhöht werden sollten? Was meinte Ronaldo damit, dass wir alle, die bei ihm sind, hohe Wesenheiten wären? Ich fühlte mich überhaupt nicht danach. Wenn es so wäre, hätte ich es dann nicht längst spüren müssen? Mein christlicher Glaube geriet ins Wanken, denn ich wurde

von verwirrenden Dingen förmlich überschüttet. Demnach sollten im All mehrere Götter existieren. Manche der Götter stimmten den Plänen anderer Götter nicht zu. Das führte im göttlichen Himmel zu Streit und Unruhe. Ronaldos Interpretationen konnte ich kaum nachvollziehen. Mein Bild von einer Energieform im Universum, einem allmächtigen Gott, für den die Liebe zu uns Menschen an erster Stelle steht, wurde damit plötzlich zerstört. Jetzt bekam ich gegenteilige Informationen, die von Unruhe und Krieg in anderen Sphären sprachen. Es wurde von einer Wende geredet, von einer neuen Zeit, die uns erwartete und das schon recht bald.

Immer mehr Rätsel, die mich zutiefst beunruhigten!

„In der Macht des falschen Glaubens" ISBN-13: 978-3-942514-04-0, 15,95 €